# 树立正确的
# 祖国观 民族观
# 文化观 历史观

吴杰明　著

人民出版社

# 目　录

绪　言　　　　　　　　　　　　　　　　　　　　　　　/ 1

　　一、中国人的必修课　　　　　　　　　　　　　　/ 2

　　二、新时代思想文化领域的重大任务　　　　　　　/ 4

　　三、关键在于透彻讲清基本道理　　　　　　　　　/ 5


第一章　中国：屹立在世界东方的伟大祖国　　　　　　/ 8

　　一、中国是东方文明古国　　　　　　　　　　　　/ 9

　　二、中国是统一的多民族国家　　　　　　　　　　/ 19

　　三、近代中国陷入内忧外患的黑暗境地　　　　　　/ 28

　　四、新中国开启了中国历史的新纪元　　　　　　　/ 33

　　五、爱国主义是中华民族的优良传统　　　　　　　/ 49

　　六、努力实现和坚决维护祖国统一　　　　　　　　/ 60

　　七、建设社会主义现代化国家　　　　　　　　　　/ 72

**第二章　中华民族：56 个民族组成的命运共同体**　/ 79

　　一、各民族在中华大地上生息繁衍、发展演变　/ 80

　　二、中华民族是中国各民族的集合与统称　/ 85

　　三、中华民族是不可分割的共同体　/ 91

　　四、中华民族在中国共产党领导下的伟大飞跃　/ 100

　　五、走中国特色解决民族问题的道路　/ 107

　　六、坚决反对和打击各种形式的民族分裂活动　/ 124

**第三章　中华文化：中华儿女共有的精神家园**　/ 129

　　一、中华文化具有丰富内涵和完整体系　/ 130

　　二、中华文化为中国和世界作出巨大贡献　/ 139

　　三、中华文化是中国各民族文化的集大成　/ 151

　　四、传承和发展中华优秀传统文化　/ 160

　　五、继承革命文化　/ 178

　　六、发展社会主义先进文化　/ 186

　　七、提高国家文化软实力　/ 193

**第四章　中华历史：五千年的漫长跋涉与苦难辉煌**　/ 203

　　一、中华民族和中国具有五千多年的文明史　/ 204

　　二、近代以来救亡图存的斗争史　/ 221

　　三、中国共产党团结带领人民的革命史　/ 225

　　四、新中国成立后走向繁荣富强的奋斗史　/ 229

　　五、新时代开启的历史新篇章　/ 239

六、旗帜鲜明地抵制和反对历史虚无主义 / 248

结 语 / 256

一、为吾国、吾族、斯文、斯史而骄傲自豪 / 256

二、满怀希望和信心走向更加美好的未来 / 260

主要参考文献 / 265

# 绪　言

党的十八大以来，党中央和习近平总书记多次强调，要在全党全社会开展相关教育，引导人们牢固树立正确的祖国观、民族观、文化观、历史观（以下简称"四观"）。早在 2013 年 12 月，习近平总书记在第十八届中央政治局第十二次集体学习时就明确提出，要"引导我国人民树立和坚持正确的历史观、民族观、国家观、文化观，增强做中国人的骨气和底气"[1]。2019 年 9 月，在全国民族团结进步表彰大会上又强调，要"在各族群众中加强社会主义核心价值观教育，牢固树立正确的祖国观、民族观、文化观、历史观"[2]。党的十九大和十九届四中全会都要求引导全党全社会树立正确的祖国观、民族观、文化观、历史观。党的十九届四中全会通过的《中共中央关于坚持和完善中国特色社会主义制度、推进国家治理体系和治理能力现代化若干重大问题的决定》明确指出，要"坚持不懈开展马克思主义祖国观、民族观、文化观、历史观宣传教育，打牢中华民族共同体思想基础"[3]。2020 年 9 月，习近平总书记在第六次中央西藏工作座谈会和第三次中央新疆工作座谈会上，再次突出强调了这个问题。这些都表明，深入开展"四观"教育，引导广大干部群众树立正确"四观"，是新时代思想文化战线和意识形态领域的一项重大任务，具有十分重要的意义和很强的现实针对性。

## 一、中国人的必修课

祖国观、民族观、文化观、历史观，是指人们在国家、民族、文化、历史等重大问题上的基本立场和思想观点，是人的世界观、价值观在这四个方面的反映和体现。"四观"并不是各自孤立存在的，而是一个相互联系的有机整体。因为国家、民族、文化、历史这四者之间本身不可分割。人们总是作为一定国家、民族的成员，创造着自己的文化，书写着国家和民族的历史，因而他们对国家、民族、文化、历史的认识，也必然是紧密相连，融为一体的。具体地说，中华民族和中国人民在中国这块祖先开拓和生息的土地上创造着自己的文化、书写着自己的历史，也就相应地产生了对这些问题的基本看法和整体认识。在现实生活中，由于关注点、侧重点和语境的不同，"四观"的具体表述和排列顺序可能会略有区别，但其总体内容和精神实质却是完全一致的。

正确的祖国观、民族观、文化观、历史观，是指那些符合客观实际、能够正确反映和科学揭示国家、民族、文化、历史的本质和特点规律的思想观念。主要包含两个层面的内容：一个是马克思主义关于国家、民族、文化、历史问题的基本观点，即马克思主义的国家学说、民族理论、文化思想、唯物史观，可称之为马克思主义的"四观"。这是我们认识国家、民族、文化、历史问题的根本立场、观点和方法，也是正确"四观"的主干和基石。需要指出的是，马克思和恩格斯一生都高度关注中国、中华民族和中华文明，对中国社会的现实状况和发展变化作了整体了解和深入思考，对中华民族的前途命运寄予了深切同情和殷切期望。他们在许多著述中，常以较大篇幅论及中国，并将中国作为典型例证，指出中华民族、中华文化的重要地位及其对世界的深刻影响。据统计，19世纪40年代至90年代，马克思、恩格斯在各种著作和书信中有关中国的论述有800多处，专论中国的文章有18篇。他们这方面的重要思想，对于我们正确认识中国、中华民族、中华文化和中华历史，具有重要而直接的指导意义。另一个是运用马克思主义"四观"去分析认识中国、中华民族、中华文化、中华历史所得出的基本观点，可称之为中国化的马克思主义"四观"。它们集中反映在我们党的历代党中央领导集体及其核心特别是习近平总书记的有关重要论述中，反映在党和政府的有关法律法规和大政方针中，反映在中国最广大人民的主流认识中。

每一个中国人，都应当树立起正确"四观"。"四观"作为人的思想观念体系的基础性内容，直接决定着人在国家、民族、文化、历史等问题上的立场、态度和行为，是中华儿女不可或缺的安身立命之本。当一个人牢固树立起"我是中国人，中国是我的祖国"，"我的民族属于中华民族，我是中华民族大家庭中的一员"，"我的祖国和民族具有悠久历史和灿烂文化"这些思想观念，那么无论他是汉族还是少数民族，无论身在国内还是侨居海外，都会充满家国情怀，自觉热爱祖国，都会产生强烈的民族自尊心自豪感，都会保持崇高的国格、人格和民族气节，都会为强国事业和中华民族的伟大复兴贡献力量。反之，则会心灵空虚，精神迷茫，数典忘祖，舍本逐末，凡事只求一己之利，罔顾国家利益和民族大义，甚至叛国投敌，认贼作父，成为国家和民族的罪人。因此，作为中国人，必须把树立正确"四观"作为重要的人生课题，自觉接受教育，认真付诸实践，使自己的所作所为无愧于父母之邦和历代先贤，用实际行动续写历史辉煌，实现自身价值。

## 二、新时代思想文化领域的重大任务

首先，树立正确"四观"，是实现中华民族伟大复兴中国梦的迫切需要。实现中华民族伟大复兴，是中华民族近代以来最伟大的梦想，需要全国各族人民，需要港澳台同胞和海外侨胞同心同德、团结奋斗。而正确的"四观"，就是这一伟大事业最为重要的思想基础，是全体中华儿女最大的精神家园。各个层面的社会成员"四观"正确与否，直接关系到中国特色社会主义事业能否顺利进展，关系到中华民族的伟大复兴能否真正实现。只有通过"四观"教育，全面增强广大干部群众对伟大祖国的认同、对中华民族的认同、对中华文化的认同、对中国共产党的认同、对中国特色社会主义的认同，才能从根本上凝聚起中国精神、中国力量，为中国特色社会主义事业和中华民族的伟大复兴培根铸魂，提供坚实可靠的思想保证。

其次，当前在"四观"问题上存在着一些不容忽视的现象和薄弱环节。突出表现在：由于时代条件、社会环境的变化各种社会思潮的冲击影响，也由于一些基层党组织和少数领导干部对"四观"教育重视不够、领导不力，一些人的"四观"出现了不同程度的偏差甚至混乱。比如，有的祖国认同模糊，把国家与共产党领导和社会主义制度割裂开来；有的中华民族共同体意识淡薄，存在着大汉族主义或狭隘民族主义思想；有的文化观偏激，要么主张全面复古，要么主张全盘西化；有的历史观混乱，提出所谓"反思历史""告别革命"，有意无意地否定国家、民族的发展史、党和人民的奋斗史；等等。这些问题，已经严重影响到群众的思想统一、社会的安全稳定，影响到中国特色社会主义建设的大局和全局，必须引起高度重视，采取有力措施加以解决。

## 三、关键在于透彻讲清基本道理

树立正确"四观"主要靠教育引导，靠深入人心和赢得人心。而人心是用钱买不来和用恩惠施舍换不来的，必须用真理的力量来感召和凝聚。树立和强化正确"四观"，说到底，就是通过强有力而又科学有效的思想教育，从深层次上争取人心、凝聚人心。因此，必须进一步加大思想教育力度，遵循教育规律，采取科学方法，注重讲深和讲透道理，使正确的思想观念真正入心入脑，产生实际效果，达到扶正祛邪、强心提神的目的。

注重正本清源，从理论高度达成基本共识。一方面，要坚持讲道理。进行"四观"教育，既不能简单地罗列思想观点，也不能照本宣科地展示现成结论，更不能空喊政治口号，而是要全面系统、深入透彻地讲解观点和结论背后的理由与逻辑，回答好"果真如此""何以见得"等疑虑困惑。另一方面，要坚持讲大道理。大道理是管根本、管长远的。有了大道理、大逻辑，就能够管住小道理、小逻辑，一些具体思想问题和实际问题解决起来就会事半功倍。开展"四观"教育，就是要理直气壮地多讲国家大事、民族大义、文化大要、历史大势，在干部群众头脑中立起大是大非，划清根本界限，凝聚起最基本、最关键的思想共识。

注重求真务实，用丰富翔实的材料说明问题和真相。讲道理和摆事实是思想教育的两种基本方式，两者相互配合，共同发挥作用。开展"四观"教育，单纯靠讲道理是远远不够的，必须把讲道理与摆事实有机结合起来，尤其是要摒弃一本正经的面孔和空洞乏味的宣教，坚持用事实说话，用材料说话，用数字说话，通过大量生动翔实的史实、现实，使道理得到阐明、问题得到回答、真相得到澄清，使干部群众对正确的"四观"入脑入心、欣然接受。事实证明，这是增强"四观"教育感召力和有效性的重要突破口，也是一个努力方向。

注重激浊扬清，旗帜鲜明地批驳各种错误思想观点。正确"四观"是与各种错误观点根本对立的。一个时期以来，国家分裂主义、民族分裂主义、文化虚无主义、历史虚无主义等错误观点在意识形态领域滋生蔓延，对人们的思想产生了负面影响，给树立正确"四观"带来了严峻挑战。如果缺乏清醒认识和斗争精神，对这些错误观点不敢亮剑，有意回避，或者含糊其词，语焉不详，就会丧失话语权，丢掉思想阵地，树立正确"四观"就可能成为一句空话。因此，必须在加强正面宣传教育、积极传播正能量的同时，立场坚定、旗帜鲜明地批驳和抵制各种错误观点，大力净化思想舆论环境，增强干部群众对歪理邪说的辨别和抵抗能力，用斗争扶正祛邪，使正确"四观"真正树立起来、得到巩固。

**注　释**

**1**　《习近平谈治国理政》第一卷，外文出版社 2018 年版，第 162 页。

**2**　《习近平谈治国理政》第三卷，外文出版社 2020 年版，第 300 页。

**3**　《中共中央关于坚持和完善中国特色社会主义制度、推进国家治理体系和治理能力现代化若干重大问题的决定》，《人民日报》2019 年 11 月 6 日，第 5 版。

# 第一章

# 中国：屹立在世界东方的伟大祖国

　　祖国，是一个充满感情色彩和神圣意味的词汇，也是一个与"国家"既相互联系又有区别的概念。国家是指社会发展到一定历史阶段上产生的政治组织形式，是阶级统治和社会管理的工具；而祖国则是指人们世代居住、自己或祖籍所在的国家。国家涵盖了祖国，祖国专指某一特定国家。国家兼具政治、法律、地理意义，而祖国则更具民族、文化、情感意义。每个人都会面对很多国家，但却只有一个祖国。对于中华人民共和国公民，包括香港同胞、澳门同胞、台湾同胞，以及海外华侨华人而言，祖国就是位于世界东方、祖先们生于斯长于斯的地方，就是亘古亘今、亦旧亦新的中国。如何认识和看待自己的祖国，是每一个中国人必须严肃面对和作出正确回答的重大问题。

　　马克思和恩格斯关于国家和祖国问题有过一系列重要论述，概括起来包括：国家是人类社会发展到一定阶段的产物，是阶级社会特有的现象；国家是阶级统治的工具，是一个阶级压迫另一个阶级的机器；国家具有对内和对外两种职能，对内进行阶级统治和社会管理，对外开展交往合作，抵御干涉侵略；国家的结构形式分为单一制和复合制，究竟采取何种结构形式，是由各国的基本国情和历史传统所决定的；随着社会生产的发展和物质财富的丰富，伴随着阶级的消亡，国家也将不可避免地走向消亡；祖国是人们祖祖辈辈生活的国家；热爱自己的祖国是全人类共同拥有的情感；共产党人要把爱国主义和国际主义有机结合起来；等等。这些重要思想，深刻揭示了国家、祖国的本质特征、历史起源、发展规律和未来走向，为我们正确认识国家和祖国问题提供了根本遵循。值得注意的是，马克思和恩格斯一直关注中国问题，第二次鸦片战争期间，马克思曾专门撰写了十几篇关于中国的通讯，向世界揭露西方列强侵略中国的真相，为中国人民伸张正义。马克思、恩格斯高度肯定中华文明对人类文明进步的贡献，科学预见了"中国社会主义"的出现，甚至为他们心中的新中国取了靓丽的名字——"中华共和国"。[1] 以马克思主义的祖国观包括对中国问题的重要思想为指导，结合中国实际进行具体分析和深入思考，就会得出关于我们伟大祖国的正确观点和基本结论。

## 一、中国是东方文明古国

伴随着人类社会的发展进步，国家这一阶级统治和社会管理的工具应运而生。在国家形成发展的过程中，它的内涵和名称也在不断发生变化。几千年来，中华大地上曾经出现过许多大小不等、性质各异的国家，它们有着各种各样的名称，但最终都汇总到"中国"这一含义丰富而又庄严神圣的称谓之中。

**——中国的古代国家经历了从邦国、王国到帝国等发展阶段。** 大约距今 7000 至 4000 年前后，文明起源的进程在中华大地上渐次展开，众多原始部落和部落联盟彼此交往、相互征伐和兼并融合，一些经济和文化发展较快的地区相继出现了早期萌芽形态的国家。这一阶段，以仰韶文化、良渚文化、龙山文化为代表的文明，如同满天星斗，布满了中华大地的四面八方，为最初的国家形成奠定了基础。随着生产和经济技术的进一步发展，区域文化不断整合，各地纷纷出现了都邑性聚落或都城，社会开始正式进入古国文明时代，"三皇五帝"传说，就是这一时期情况的生动反映。此时的古国多是一些由氏族、部落或部落联盟结合而成的国家，数

良渚遗址考古向世界实证中华文明五千年

量众多但规模较小，在很大程度上还带有氏族、部落的烙印，可称之为"邦国""方国"或"诸侯国"。据记载，大禹时期有 3000 多个邦国，其中绝大多数为单一的民族国家，它们既相互交融又相互兼并，构成了一幅多国共生并存的场景。2002 年组织实施、历时 16 年完成的"中华文明探源工程"，以大量考古成果和文献材料，深入考证和翔实描绘了这一阶段中华文明和早期国家的发展演进过程。

公元前 21 世纪，也就是距今 4000 年前后，黄河流域中游一带的夏部落联盟，在产生私有制和阶级分化的基础上逐步进入阶级社会。其首领禹死后，一部分氏族贵族支持禹的儿子启做了国王，建立起我国历史上第一个世袭制的国家政权——夏朝。此后，商部落灭夏，周部落灭商，又分别在前朝基础上建立起商朝、周朝这两个

二里头夏都遗址博物馆

国家政权。夏、商、周作为三个前后接续、规模较大、达到一定统一程度的王朝国家，标志着古国由"邦国"形态发展到"王国"形态。这些王国虽然有一个"天下共主"（天子）和一套政权机构，名义上对整个王国行使管辖权，但实际上王国内部却仍然是邦国、方国和诸侯国林立，各自拥有相当大的独立性和自主权。据史书记载，夏时号称"万方"，至商而有三千，至周而有八百，称之为"八百诸侯"。1996 年 5 月启动、历时 5 年完成的"夏商周断代工程"，对这三个国家的起始年代、延续时间和发展水平进行了考证和推断，使它们的面貌较清晰地展现在世人面前。

公元前 221 年，名义上归属于东周王朝的诸侯国秦国，通过战争消灭了其他六国，在中华大地上建立起前所未有的中央集权制政权，第一次从完整意义上实现了国家的空前统一，使古国形态进一步发展到"帝国"时代。此后的两千多年间，这种以"大一统"和"多民族"为基本特征的国家形态便一直延续下来，并在实践中不断改进完善，成为古代中国社会政治生活的主体。

——**各个历史时期的国家分别具有不同名称**。有国必有名，这个名，就是人们通常所说的国家名号即"国号"。夏、商、周建立后，分别以"夏""商""周"作为国号，用来称呼自己的国家。国号的选择通常由多方面的因素所决定，包括民族的历史渊源、神秘的古老传说、美好的文字含义，等等。据学者研究考证，夏的国号意为"蝉"，体现了蝉所代表的居高饮清、蜕变转生等美义；商的国号意为"玄鸟"即后世所说的"凤"，体现了道德、美丽、吉祥、善良、宁静等形象；周的国号意为"种禾养口"，体现了周族早期的重农特征；等等。三代之后的历代王朝，从"秦""汉"到"大明""大清"，都无一例外地遵从了这一规律。**2**

由于古代国家都是某一姓氏所创建和统治的，即典型的"家国""家天下"，按照后来出现的"五德循环"理论，这种国家经过一定时期后，将会被拥有更高德行的其他姓氏之国所取代，因此它们又被称为"朝"或"代"，使用某一国号的国家被称为某朝某代，该国家或该朝代被其他国家或朝代所取代，就叫作"改朝换代"。因此，夏、商、周这些国家，既被称为"夏""商""周"，也被称为"夏朝（代）""商朝（代）""周朝（代）"。按照这一逻辑，几千年来国家和王朝一直在不断地变化着自己的名称，从最早的夏朝，到后来的汉朝、唐朝、宋朝，再到最末的清朝，都是如此。

——**"中国"是对中华大地上各类国家的统称。**除了用"国号"或"国号加朝（代）"来称呼指代国家之外，早期古国还存在着另外一些称谓。"中国"就是其中的一个。1968 年 8 月，陕西宝鸡出土了一尊西周成王时期所铸青铜器"何鼎"，在该鼎歌颂周武王的铭文中，首次出现了"宅兹中或"即"定居中国"的字样。同时期的《尚书·梓材》中，也有"皇天既付中国民，越厥疆土于先

台北故宫博物院"西周文化特展"上展出的青铜器"何鼎"

王"的话语提及"中国"。甲骨文中虽然目前尚未见到"中国"一词，但却有与"中国"含义相近的"中商""大邑商"等概念。可见，至少在商周时期，"中国"或类似含义的表述，就已经开始成为当时国家的一种称谓或名号。

中国这一称谓出现后，其内涵和外延不断丰富发展，使用范围也日益广泛。最初，中国只是一个单纯的地理或地域概念，主要指京师、国都、王畿、天子直接统治的区域、中原乃至全国之地，后来逐步加入和充实了民族、文化和政治等方面的含义，最终成为对历朝历代中华版图上以华夏民族为主体、主要统治中原地区、具有中华文化特征的一切国家政权的统一称号。由于"中国"与历朝历代的国号一样，具有诸多美好含义和很强的包容性，因而受到了人们的普遍认可。从明朝后期起，中国这一称谓便开始为中外各界所广泛使用，并逐渐成为国家的正式代称。明朝对内对外发布的诏令、敕谕，往往自称"中国"。清康熙二十八年（1689年）清朝与沙俄订立的《尼布楚条约》，是中国与外国确定边界的第一个具有国际法律意义的条约，该条约的缔约一方是清廷，但使用的国名却是"中国"。明清时代来到中国的西方人，一般都用"中国"（或"中华""中华帝国"）直称中国，而很少用明朝或清朝。1912年中华民国建立，"中国"首次成为"中华民国"国号的简称。

1921年7月，我国第一个工人阶级政党宣告正式成立，这一政党就定名为"中国共产党"。1949年10月中华人民共和国成立，掀开了中国历史的崭新一页，"旧中国"和"新中国"，标志着中国两个紧密相连而又相互区别的阶段，而中国也从此有了更加客观、全面、科学和体现时代特色的含义。在联合国，"中国"（CHINA）作为简称，代表着中华人民共和国的合法席位。现在，世界绝大多数国家都明确承认，世界上只有一个中国，并把它作为历史中国与当代中国的统一称谓。

由此可见，中国是一个渊源久远、含义丰富、流传广泛的国家名称。它涵盖了从古至今中华大地上存在过的所有国家，特别是占主导地位的历代中原（中央）王朝。虽然历史上没有任何一个国家的国名直接叫作"中国"，但实际上所有国家都可以被称为"中国"。这是世界文明发展史上的独特现象，也是中华民族智慧的生动体现。

**——中国是世界上诸多文明古国中唯一延续至今的国家。**在世界人类发展史上，曾经出现过数量众多的文明古国，其中最为著名的有 4 个，也就是人们常说的古埃及、古印度、古两河流域诸国（苏美尔、阿卡德、亚述、巴比伦等）、古中国等"四大文明古国"。这些国家都曾经辉煌一时，深刻影响了人类社会发展的进程和水平。但后来，除中国之外的其他三个古国都相继衰落和消亡了。它们在后起文明的冲击下，黯然泯灭在历史的长河中，再也难寻踪影。今天的埃及与古代的埃及无论是人种上还是文化上都有很大距离，今天的伊拉克与古代美索不达米亚诸国之间也基本上没有什么关系。即使是文明兴起比较晚的古代希腊、罗马等国，其文明也并没有从古代传承至今，中世纪时期都曾一度中断，后来经过文艺复兴才有所恢复。而中国的古代文明却薪火相传、绵延不绝，从那时一直比较完整地传续至今日。中国作为一个统一的多民族国家，几千年来历经风云变幻和朝代更替，始终巍然屹立，枝繁叶茂，并于20世纪中叶重新焕发出蓬勃生机，之所以出现这种情况，从外因看，是古代中国与世界其他国家和地区天各一方，相隔遥远，文明进程具有相对独立性，不易受到外部的影响和同化；从内因看，则是中华民族和中华文明在中国这个国家框架内，形成了一系列特有优势，能够广泛吸纳各种文明之长，克服自身之短，从而保持了自强不息的姿态和顽强的生命力。这种现象，堪称世界人类文明发展史上的奇迹，值得全体中华儿女为之自豪和骄傲。

——**东亚大陆是中国诞生和发展的地理摇篮**。这一地理单元幅员广阔，纵横八万里，堪称天下之"广土"。它既有农耕区，又有游牧区和海渔区，各地区之间均有大江大河连通，形成了物质和文化交流的顺畅通道。长江、黄河、喜马拉雅山，就是这一地理单元的代表性标志。正是这一广袤疆域和特殊的地理条件，才孕育和产生了不同于世界上其他地区的国家形态，创造出具有鲜明特色而又丰富多彩的伟大文明。毛泽东曾生动指出："我们中国是世界上最大国家之一，它的领土和整个欧洲的面积差不多相等。在这个广大的领土之上，有广大的肥田沃地，给我们以衣食之源；有纵横全国的大小山脉，给我们生长了广大的森林，贮藏了丰富的矿产；有很多的江河湖泽，给我们以舟楫和灌溉之利；有很长的海岸线，给我们以交通海外各民族的方便。"**3**

中国的行政疆域和主权范围是在这一地理单元中发展变化和逐步确定的。从第一个世袭制王国夏朝到最后一个统一帝国清朝，中国所管辖的国土范围随着朝代的更迭和国力的盛衰而处于不断变

《大明混一图》仿真品亮相西安。《大明混一图》全长 3.86 米，宽 4.75 米，彩绘绢本，是我国目前现存尺寸最大、年代最久远、保存最完整，并由中国人自己绘制的古代世界地图

动之中。历代王朝都认为自己应当管辖天下所有领土。西周时提出"溥天之下，莫非王土"**4**。公元前 219 年，秦始皇出巡在山东琅琊台刻碑时声称："六合之内，皇帝之土。西涉流沙，南尽北户。东有东海，北过大夏。人迹所至，无不臣者。"**5** 大禹在治水过程中走遍中华大地，以山川地形划定了冀、兖、青、徐、扬、荆、豫、梁、雍等"九州"，认为这就是当时中国的全部领土，从而使"禹迹""九州"成为中国最早的疆域范围界定。后世人们常以此来指称中国全境。秦进一步把北部疆域扩展到内蒙古的大青山麓，把南部疆域扩展到两广的海边，此后历代王朝都以这一疆域为基础继续

拓展。1840 年西方列强入侵之前，清朝的总面积大约 1300 多万平方公里。近代以来，在经历了一系列割地丧土之后，当今中华人民共和国的陆地国土总面积约 960 万平方公里，居世界第三位。海域总面积约 473 万平方公里，其中，根据《联合国海洋法公约》的规定，中国主张管辖的海域面积约为 300 万平方公里，包括了内海、领海、毗连区、专属经济区和大陆架。中国的陆地边界长度约 2.2 万公里，陆地与 14 个国家接壤，从东北开始，按逆时针顺序，依次是朝鲜、蒙古、俄罗斯、哈萨克斯坦、吉尔吉斯斯坦、塔吉克斯坦、阿富汗、巴基斯坦、印度、尼泊尔、不丹、缅甸、老挝、越南。中国在海上分别与 8 个国家相邻，分别是朝鲜、韩国、日本、菲律宾、马来西亚、文莱、印度尼西亚、越南。其中，朝鲜、越南既是中国的陆上邻国，又是中国的海上邻国，其余 6 个国家则与中国隔海相望。中国大陆海岸线长度约 1.8 万公里。在中国海域分布着大小岛屿 7600 个，其中面积在 500 平方米以上的岛屿有 6500 个。**6** 这是祖先留给我们的神圣土地，也是中华民族赖以生存发展的美丽家园，必须倍加珍惜和坚决保卫。

中国各族人民是在这片美丽富饶的国土上繁衍生息的。从很早的古代起，中华民族的祖先就劳动、生息在于此。世世代代，这块土地养育了无数中华儿女。据估计，远在夏、商、西周时期，中国的人口就已达到 1300 万以上，战国时期达到 2000 万以上。公元 2 年达到 6000 万。清朝建国之初达到了 1 亿，乾隆年间则相继突破了 2 亿和 3 亿，咸丰元年更是达到创纪录的 4.3 亿。第六次全国人口普查结果显示，2010 年，中国的总人口约为 13.5 亿。据国家统

第七次全国人口普查工作有序进行

计局最新数据显示，2019 年年底，中国大陆人口已突破 14 亿。[7]
中国以世界十五分之一的陆地面积和有限的资源，承载和养活了世
界近五分之一多的人口，这是任何国家都无可比拟的，是中国为人
类所作出的重大贡献。

## 二、中国是统一的多民族国家

《中华人民共和国宪法》指出，"中国是统一的多民族国家"。
这深刻揭示了我国的基本国情和独特优势。其实，早在 1939 年 12
月，毛泽东就明确指出："中国是一个由多数民族结合而成的拥有
广大人口的国家。"[8] 这个重要结论，为我们正确认识和把握中国

国情提供了科学依据和基本立足点。

——**统一是中国历史发展的主脉和基调。**几千年来，中国的疆土既有统一时期又有分裂时期，统一与分裂交替循环，但国家的统一始终是主流和方向，占据了绝大部分历史时段。自夏朝以降 4000 多年间，中国先后存在过 14 个具有"天下共号"、在一定程度上取得了当时"天下"统治地位的中原（中央）王朝（皇朝），即夏、商、周、秦、汉、新莽、晋、隋、唐、武周、宋、元、明、清。这些王朝(皇朝) 不仅统一的范围较大、时间较长、程度较深，而且前后相继、彼此衔接，在名义上始终保持着一个统一国家的道统连续性。只有南北朝、五代十国，以及中原（中央）王朝（皇朝）交替期间，才是那种所谓天下无主、群雄割据的局面。

值得指出的是，在这些统一王朝（皇朝）统治期间，有些时期处于一种"名统实分"的状态。如东周时期，虽然周天子名义上还是天下共主，周朝名义上还是一个统一国家，但春秋五霸、战国七雄等诸侯所形成的封建割据，已经使国家事实上处于一种分裂境况。类似的情况还有三国、东晋十六国、宋辽金夏元并存等时期。当时，虽然汉、晋、宋名义上还是拥有天下共号的统一王朝，是中国的正统，但事实上它们都早已经或名存实亡、或偏安一隅、或支离破碎，并非完整意义上的统一国家了。然而，这种国家处于事实分裂状态的时间加在一起，只不过约 800 年，即使再加上名义和实际皆为分裂的时间，也远小于实际统一的 3000 多年。从总体上看，天下大势，分合交错、合长于分，而且随着历史进步和国家现代化程度的提高，合的时间越来越长、程度也越来越深。有学者作过统计，中国历史上统一的时间约占 70%，而分裂的时间仅占 30%。

如何看待中国历史上统一与分裂的时间，需要实事求是的科学态度和正确的方法论。有人认为中国历史上分裂的时间很长，甚至认为自秦以来两千多年间绝大部分都是分裂的，只有清乾隆中叶平定准噶尔至鸦片战争之间不到一百年时间是统一的，到鸦片战争后香港被割让，国家又告分裂。还有人认为，处于分裂状态时的各国不属于中国的范畴，而是一种独立形态的国家。这些看法都是不客观、不正确的，并不符合历史实际。我们所说的国家统一，以及中国是一个统一的多民族国家，是从总体上、宏观上而言的，并不是指铁板一块的"完全统一"和连绵不断的"始终统一"，不是说国家在所有时段内都毫无分立自治现象。局部、暂时的割据或分裂现象，并没有改变国家统一的主流和大趋势，也没有改变中国逐步成为一个统一的多民族国家这一事实。正是在统一到分裂再到统一的历史循环中，更多的民族加入了祖国大家庭，中国走向更大范围、更高层次和更加稳固的统一，成为名副其实的统一的多民族国家。

**——统一是中国各族人民内在的精神特质和始终如一的崇高追求**。中国统一最深厚的思想基础在于民心所向。中华民族素来崇尚天下大同，向往四海归一，把统一域内、协和万邦作为崇高的社会理想并积极付诸实践。春秋战国时期，诸子百家都提出了自己的政治主张和治国方案，尽管其思路、方法、手段各不相同，但有一点却是一致的，那就是都着眼于国家统一，都在思考和探索如何把天下整合在一起。《礼记·大学》提出"治国""平天下"，孟子讲天

司马迁《史记》

下要定于一，荀子和韩非反复强调统一的重要性。老子和庄子虽然讲小国寡民，但同时也讲"圣人治天下"，这个天下实际上就是统一的国家，是若干"小国"的集合体。秦汉时期，统一的观念得到了进一步强化和升华。司马迁在《史记》中鲜明提出并系统阐发了"大一统"思想。其核心要义就是"天人合一""万族归一""国家统一"，就是天统、血统、道统（法统）一以贯之。几千年来，这一思想广为流传、深入人心，成为指导历朝统治阶级和各阶层民众行为的基本准则，也成为根深蒂固的民族心理。在"大一统"思想影响下，人们普遍认为统一是正常的，分裂是不正常的；统一是应该的，分裂是不应该的。统一是"天地之常经，古今之道义"，分裂则是"不肖子孙所做，乱臣贼子所为"。

中国人之所以对统一情有独钟，说到底，是由其所处的特殊地理环境和特定的生产生活方式所决定的。一方面，地理环境对国家统一有着深刻影响。从地理位置上看，中国位于亚洲东部、太平洋西岸，东面是茫茫大海，西面是莽莽雪峰，北面是荒凉大漠，南面是崇山峻岭，构成了一个相对独立和封闭的"内聚式"地理单元，而不像某些古代文明处在四周毫无阻隔的广阔平原，或处在民族迁移的交通要道。这种特殊的地理条件，有助于形成民族和国民内向性、聚焦性特点，以及相应的思维和行为，是导致和维系国家统一的重要因素。另一方面，生产方式和生活方式对国家统一也有重要影响。中国社会很早就进入定居式农耕文明阶段，这种文明主要使用木石工具垦田种地，因而必须采取原始协作的方式，氏族或大家族这种血缘共同体，以及后来的邦、国等社会共同体，就自然而然地成为中华先民原始协作的基本组织。与此同时，黄河—长江流域上的农田，因季风气候而常年处于旱涝交替威胁之下，抵御自然灾害的需要，也使得大规模的协作配合变得不可缺少。组织农业生产、治理大江大河、改造自然环境，客观上要求有统一的国家和强有力的中央政府。与定居式农耕文明相适应，中国人在思维方式上，往往更加重整体、重集体、重一体，更加倾向于用国家统一来保证社会安定和生活稳定。从这个角度上看，统一既是大势所趋，也是人心所向，是由中国人所处的独特地理环境和生产生活方式的产物，具有其内在的必然性。正如孙中山先生所说："中国是一个统一的国家，这一点已牢牢地印在我国的历史意识之中，正是这种意识才使我们能作为一个国家而被保存下来。"**9**

**——历代中原（中央）王朝都致力于实现国家统一和对疆土的有效管治。**它们普遍以中国正统自居，对外代表着中国的统一国家地位和总体形象，对内采取各种措施巩固中央集权和对地方的管理控制。无论哪个民族入主中原，都把自己建立的王朝视为统一的多民族国家的正统，强调"舟车所至，人力所通，天之所覆，地之所载，日月所照，霜露所坠"**10**，都是大一统国家的组成部分。

古建筑专家发现中国南方长城

为使边疆地区能够从政治和文化上融入统一国家，秦代专门设置了南海郡、桂林郡管理岭南地区，汉代设立了西域都护府统辖新疆，汉武帝还曾数次出动重兵讨伐匈奴，收复漠南。唐代创设了800多个羁縻州经略边地，元代设宣政院管理西藏，明代和清代在西南地区改土归流，清康熙帝派大军三征噶尔丹，乾隆时期平定准噶尔叛乱和收复新疆，等等。所有这些措施和治理方式，都使远近国土始终置于中央政权的管控之下。即使那些由于各种原因丧失了中原（中央）王朝（皇朝）地位、转移或偏居一隅的君王，也大都希望有朝一日能够光复故土，重新统一。东晋和南宋政权曾多次组织北伐，祖逖中流击水，岳飞直捣黄龙，都是意在收复中原，重整河山。

——**各类诸侯国和割据政权都不是中国之外的"国家"**。历史上，当中国处于分裂时期，往往有众多诸侯国和割据政权与中原（中央）政权同时并存。这些诸侯国和割据政权，本质上都是中国疆域内的地方政权形式，而不是独立于中国之外的所谓"国家"，更不是什么"外国"，而是与中国紧密相连，是中国这个国家共同体不可分割的一部分。事实上，这些诸侯国和割据政权大多具有相当浓厚的中华一体意识，他们或自称是"五帝苗裔"，以正统身份与中原（中央）政权相互交往、分庭抗礼；或定位为中原（中央）政权的分支，以藩属身份臣属于中原（中央）政权。即使由某一少数民族在边疆地区建立的局部政权，也大都认为自己是中国的一部分。如公元 7 世纪西域的高昌回鹘、于阗李氏以及喀喇汗等，均与当时的大宋王朝保持着隶属关系，彼此以甥舅相称。三地汗王的名号中，都加入了"中国"的含义，头衔上都冠以"桃花石汗"（意为"中国之王"）的称号。公元 10 世纪，尉迟氏成为于阗国王后，自认为其祖先出于唐朝，于是改族姓尉迟氏为李氏，号称"李圣天"；而喀喇汗则一直认为自己是中原王朝的一个支系。这些诸侯国和地方割据政权还普遍希望通过战争或和平途径成就统一大业。三国时期，刘备建立的蜀汉以"汉室正宗"自居，数次出兵北伐中原，试图一统天下；而曹操则挟天子以令诸侯，打着"汉朝"的旗号，发动了旨在消灭孙吴、奠定统一大局的赤壁之战。至于那些执意独立、一时走向分裂和割据的地区，在经历一番激烈斗争乃至战争之后，最终也都由中原（中央）政权重新统一管辖。历史业已证明：细流无数，必然归于大海；裂土片片，终将重回一体。在中国，无论何时何地，统一都是各类政权包括地方割据政权的最终归宿和必然走向，是无法阻挡的历史潮流。

　　——**中国既是一个统一国家，也是一个多民族国家。**不同历史时期的中国，均由多个民族所共同构成、创建和治理。首先，多民族共同组成中国。纵观历史，无论哪个时期的中国，都不是纯粹单一的民族成分，而是若干个民族共生共存。无论哪个民族建鼎称尊，所建立的都是多民族国家，而且越是强盛的王朝，所吸纳包容的民族数量越多。各民族安身立命于一国疆域之内，接受同一国家政权的治理和管辖。这一特点，在新中国成立之后表现得尤为显著。目前，除汉族外的少数民族在人口和地域上都占有相当比重。全国 14 亿人口中，少数民族约有 1.1 亿人，其中人口超过千万的少数民族有 4 个，千万以下、百万以上的有 14 个。在 960 万平方公里的陆地国土面积中，155 个民族自治地方占 64%。其中仅新疆若羌一个县的面积就相当于江苏、浙江两个省面积的总和。这种多民族共生共存、共同组成统一国家的状况，使中国超越了单一民族国家的弱点，产生出勃勃生机和强大力量。其次，多民族共同创建中国。一方面，中国的疆域由各民族共同开拓。汉族和少数民族都对此有重大贡献。汉族最先开发了黄河流域的陕甘及中原地区；东夷族最先开发了沿海地区；苗族、瑶族最先开发了长江、珠江和闽江流域；藏族最先开发了青海、西藏；彝族和西南各族最先开发了西南地区；东胡最先开发了东北地区；匈奴、

元世祖忽必烈于公元 1260 年发行的"中统元宝交钞"，是世界上目前发现的最早的一张纸币实物

鲜卑、柔然、突厥、回纥、蒙古各族先后开发了东北和北部地区；回族和西北各族最先开发了西北地区；黎族最先开发了海南岛；高山族最先开发了台湾；等等。另一方面，中国的国家政权由各民族共同建立。历史上大多数统一王朝（皇朝）是由汉族建立的，但也有不少由少数民族建立。其中最有代表性的就是元和清。特别是1949 年，中国各族人民在中国共产党的领导下，共同缔造了新中国，开启了中国发展历史上的崭新一页。再次，各民族共同治理中国。秦汉以后在汉族建立和主导的国家政权中，往往有不少其他民族的成员担任要职。如汉武帝的四位托孤大臣之一的金日磾就是匈奴人。唐朝官员中来自少数民族的人占有相当比例。同样，在少数民族建立和主导的国家政权中，也有大量汉族人出将入相、建功立业。新中国成立后，自第一届全国人民代表大会起，56 个民族都有自己的全国人大代表，人口在百万以上的民族都有全国人大常委会委员，且少数民族的代表均高于少数民族人口的比例。所有民族自治地方的人民代表大会常委会中都有实行区域自治的民族的公民担任主任或副主任，自治区主席、自治州州长、自治县县长，则全部由实行区域自治的少数民族公民担任。在各级政协及其他各类社会团体中，也都明确规定少数民族代表必须占一定比例，从而有效保证了各民族共同参与国家治理和管理本民族、本地区内部事务。

**——统一的多民族国家是我国的基本国情和独特优势。**一方面，国家统一是我国的鲜明特色，对国家的生存和发展具有重要作用。从世界的视野看，中世纪的欧洲被分为许多大大小小的封建城邦，而中国则很早就实现了统一，而且越来越走向"大一统"。这使得中国能够集中力量改造自然和发展经济，增强综合国力。另一方面，多民族是我国的一大特色，是我国发展的一大有利因素。各民族之间相互取长补短，使国家形成了整体比较优势。尤为重要的是，众多民族又都包容在中华民族这个更大的族群之中，这在世界上是独一无二的现象。总之，我们作任何决策，实行任何制度，都不能离开统一的多民族国家这个基本国情，都要自觉保持和发挥这一特有优势。

## 三、近代中国陷入内忧外患的黑暗境地

中国作为一个源远流长的文明古国，在人类历史上曾经拥有璀璨夺目的辉煌。然而，由于长期的君主专制统治和腐朽没落的官僚政治，严重阻塞了中国社会向前发展的生机。在闭关锁国、与世隔绝的状态下，中国反复经历着王朝更迭、治乱交织的过程，社会生产力不断遭到摧残和破坏，社会生活却很少发生明显改变。尤其是到了近代，在世界工业革命如火如荼、人类社会发生深刻变革的时期，中国逐渐落伍于世界的发展变化，丧失了与世界共同进步的历史机遇，一步步沦为新兴资本主义国家侵略和吞并的目标。1840年，西方列强通过发动鸦片战争，用坚船利炮打开了中国大门，使中国社会发生了巨变，开始沦为由帝国主义列强共同宰割的半殖民地半封建社会，陷入内忧外患的黑暗境地，面临着亡国灭种的深重危机。

——**中国的独立地位逐步丧失**。鸦片战争后，腐败的清政府被迫签订了中国近代史上第一个不平等条约——《中英江宁条约》

即《南京条约》，中国从此开始
丧失自己的独立地位。西方列
强纷纷接踵而至，通过单独或
联手发动侵华战争，疯狂瓜分
中国领土，抢占中国市场，掠
夺中国资源。除鸦片战争之外，
还有 1856 年至 1860 年英法联
军侵略中国的第二次鸦片战争，
1884 年至 1885 年法国侵略中
国的战争，1894 年至 1895 年日
本侵略中国的战争，1900 年八
国联军侵略中国的战争，等等。
其中，日本对华持续不断的侵
略是近代以来中国历史上最黑

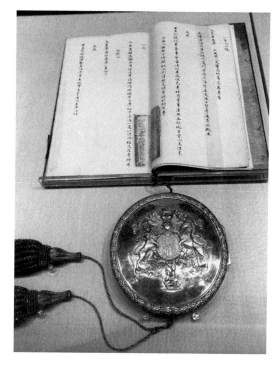

台北故宫博物院收藏的《中英南京条约》

暗的一页，从甲午战争到 1937 年全面侵华战争，日本军国主义一
直妄图变中国为其独占的殖民地，给中华民族和中国人民带来了惨
绝人寰的灾难。列强侵华战争的直接结果是中国独立地位的丧失。
从鸦片战争到国民党政府垮台，外国政府、企业、垄断集团与中国
中央和地方政府签订的条约、章程达 1100 多个。通过这些大大小
小的不平等章约，西方列强全面控制了中国的政治局势和主要经济
命脉，取得了包括"治外法权"在内的各种特殊权力。外国人在中
国横行霸道、胡作非为，而中国则陷入被动挨打、听任宰割的悲惨
境地，面临着被肢解和瓜分的严重危险。当时，社会上广为流传的

一幅《时局图》，形象描绘了列强盘踞环伺、民族积贫积弱、国家危在旦夕的情形。爱国志士陈天华所撰写的《警世钟》，更是引起了人们的强烈反响。

《时局图》

帝国主义列强不仅直接瓜分中国领土，而且各自操纵一部分军阀势力，相互对抗和交战，从而造成更大范围的战乱和国家分裂。辛亥革命后，列强分别支持中国境内不同的军阀割据势力，使中国在很长一段时间内实际上处于一种四分五裂的状态。从 1911 年到 1931 年 20 年间，仅四川一省就发生了军阀混战 470 多次。1924 年，当时的北京城在北洋军阀派系的争夺下一片混乱，外国使团竟然提出要实行"国际共管"。地方军阀纷纷占地为王、各自为政，整个国家战火频仍、山河破碎。20 世纪 30 年代，日本军国主义之所以敢于发动全面侵华战争，与鸦片战争后很长一段时间里，中国呈现出一盘散沙的状况有着密切关系。

——**中国的贫穷落后进一步加剧。**外国侵略者与中国封建统治者相勾结，西方资本主义殖民主义经济与中国封建经济相结合，在政治上残酷镇压人民革命运动，在经济上进行掠夺性剥削压榨，中国人民过着饥寒交迫和毫无政治权利的悲惨生活，流离失所、生灵涂炭。近代以来，中国人民的贫困和不自由的程度，是世界上所少见的。不仅基本生活难以保障，而且经常惨遭侵略者的屠杀。抗日战争时期的南京大屠杀，30万同胞被日本侵略者残忍杀害，更是中华民族永难忘记的奇耻大辱。时到今

旧西藏露宿街头的乞丐

日，每当人们回忆起这一段充满血泪的历史，仍然会情不自禁地痛彻心扉，悲愤不已。

　　——**资产阶级建立的共和国无法改变中国的前途命运。**面对帝国主义、封建主义和官僚资本主义的残酷压迫，为救亡图存，中国各族人民进行了不屈不挠的奋斗，但是最终都归于失败，直到1911年的辛亥革命才推翻了清朝统治，结束了中国两千多年的君主专制，建立了中华民国。1911年12月29日，17个省的代表在南京成立中华民国临时政府，选举孙中山为临时大总统，改1912年为中华民国元年，中国历史上一种新的国家形态——"民国"问世。但此时掌握了清政府大权的袁世凯，利用资产阶级的软弱性，很快从孙中山手中窃取了临时大总统职位。尔后篡改约法，解散

国会，实行独裁。1915 年 12 月，袁世凯倒行逆施，公然宣布复辟帝制，受到了全国上下的一致声讨，被迫于 83 天后取消帝制并忧惧而死。在此之后，又有"张勋复辟"闹剧昙花一现，然而，废除君主专制、实行民主共和的时代大潮已不可逆转。后袁世凯时代，北洋军阀把持了中华民国政权，不断践踏民主共和体制。从 1916 年到 1928 年，短短 12 年间，北洋政府就组建了 38 届内阁，更换了 26 任总理，最短的两届内阁只有 6 天，并先后曝出"曹锟贿选"和奉系军阀张作霖率军进入北平夺权等丑闻，民国中央政府成了地方军阀角逐的舞台。在国共第一次合作中，国民革命军发动北伐战争，消灭了北洋军阀势力，使中国在名义上再次得到统一。但此时的中华民国已经为蒋介石等新军阀所把持，成为代表帝国主义和大地主大资产阶级利益的反动政权。

中华民国是孙中山为领导者的资产阶级革命派所建立的资产阶级共和国。它结束了君主专制，建立了民主共和体制。然而，中国并没有因此获得独立地位，走上光明的发展道路，人民也没有摆脱被压迫被剥削的境况。北洋军阀和国民党新军阀的黑暗统治，以及连年不断的军阀混战，反而带来了更大规模的社会生产力破坏和更加深重的民族危机。在这个时期内，中国仍然是一个半殖民地半封建的国家。"长夜难明赤县天"，中国究竟向何处去？能不能走出积贫积弱、落后挨打的困境？成为摆在所有中国人面前的严峻历史课题。

## 四、新中国开启了中国历史的新纪元

十月革命一声炮响，给中国送来了马克思列宁主义。1921 年 7 月，马克思主义与中国实际相结合的产物——中国共产党在上海宣告成立。这是开天辟地的大事变，给古老的中国带来了一线生机，使苦难深重的中国人民看到了希望和光明。中国共产党成立后，以"为有牺牲多壮志，敢教日月换新天"的革命气概，团结带领全国各族人民，经过长达 28 年艰苦卓绝的浴血奋战，最终推翻了帝国主义、封建主义、官僚资本主义这三座压在中国人民头上的沉重大山，在中华大地上建立起完全不同于历史上的邦国、王国、帝国、民国的崭新国家——中华人民共和国，开辟了中国历史的崭新纪元。与历史上的"旧中国"相对应，中华人民共和国被称作"新中国"。

**——新中国是在中国共产党领导下建立起来的。**早在 20 世纪 30 年代，中国共产党就在赣南闽西革命根据地建立了中华苏维埃共和国临时中央政府，制定和颁发了《中华苏维埃共和国宪法大纲》。抗日战争期间，又在各敌后抗日根据地建立了民主政权，从多方面进行了局部执政的实践探索。1946 年 4 月，陕甘宁边区颁布了《边区宪法原则》，对边区的政权组织、人民权利、司法、经济、文化作了法律规范。历经土地革命战争、抗日战争、解放战争，中国共产党通过农村包围城市，武装夺取政权，最终取得了新民主主义革命的全面胜利。1949 年 4 月 23 日，中国人民解放军占领国民党政府的首都南京，宣告了国民党政权的灭亡，中国从此进入了一个新的历史发展阶段。

随着新民主主义革命的胜利，建立新中国的任务被提到了议事日程。1949 年 6 月 15 日至 19 日，中国共产党和各民主党派、各人民团体、各界民主人士、国内少数民族和海外华侨等 23 个单位共 134 人，在北平召开了新政治协商会议筹备会第一次会议。毛泽

中国人民政治协商会议第一届全体会议会场（资料照片）

东在开幕会讲话中，明确指出筹备会的任务就是筹备召开新的政协会议，成立民主联合政府，统一全中国。他充满激情地预言："中国人民将会看见，中国的命运一经操在人民自己的手里，中国就将如太阳升起在东方那样，以自己的辉煌的光焰普照大地，迅速地荡涤反动政府留下来的污泥浊水，治好战争的创伤，建设起一个崭新的强盛的名副其实的人民共和国。"*11*3 个月后，筹备会又举行了第二次全体会议，一致通过将"新政治协商会议"改称为"中国人民政治协商会议"，并通过了向政协第一届全会提出的各项议案。

1949 年 9 月 21 日至 30 日，新中国的开国盛会——中国人民政治协商会议第一届全体会议在北平举行，会议宣告了中国人民大团结的实现和中华人民共和国的成立。毛泽东在开幕词中向全世界庄严宣告："占人类总数四分之一的中国人从此站立起来了"，"我们的民族将从此列入爱好和平自由的世界各民族的大家庭，以勇敢而勤劳的姿态工作着，创造自己的文明和幸福，同时也促进世界的和平和自由。我们的民族将再也不是一个被人侮辱的民族了。"*12*这篇开国宣言，集中凝结了中国人民一百多年来革命斗争的重大成果，强烈表达了中国人民的民族自尊心、自信心和历史责任感。会议一致通过《中国人民政治协商会议组织法》《中华人民共和国中央人民政府组织法》和《中国人民政治协商会议共同纲领》3 个重要文件，为新中国成立奠定了法制基础。其中，《共同纲领》作为新民主主义的建国纲领，起到了临时宪法的作用。后来 1954 年制定的新中国第一部宪法，吸收了《共同纲领》的许多原则和内容。会议选举了中央人民政府委员会，毛泽东当选为中央人民政府主席。会议还决定和通过了建立中华人民共和国的各项重大事宜，包括国名、国都、纪年、国歌、国旗等。

关于国名，会议决定：新中国定名为"中华人民共和国"。早在 1931 年 11 月，中国共产党人曾在江西瑞金召开第一次全国工农兵代表大会，宣告成立"中华苏维埃共和国"。当时确定这一国名，明显地受到了苏联的影响。抗日战争期间，基于国共第二次合作和抗日民族统一战线，中国共产党领导的抗日民主政权属于中华民国地方政权的一部分，其中陕甘宁边区政府被称为"中华民国特区政府"。但毛泽东等人曾多次阐述将来要建立"中华民主共和国"。在筹划建立新中国的过程中，对新中国的国号，曾经提出过"中华人民民主共和国"和"中华人民共和国"两种表述，经过新政协筹备会深入讨论，最后采用了"中华人民共和国"。与此同时，筹备会上还曾出现过中华人民共和国是否"简称中华民国"的意见，后来经过讨论，这一意见被否决。

关于首都，会议决定：新中国的国都定于北平，自 1949 年 9 月 27 日起改名为北京。北平是中国历史文化名城和辽、金、元、明、清等朝代的都城。早在 1949 年 3 月，中共七届二中全会提出将党的工作重心由农村转移到城市之后，中共中央即由河北省平山县西柏坡迁移到北平，北平事实上已成为革命政权的临时首府。定都北平并对其进行改名，使这座古城在人民手中获得新生和重焕青春，成为新中国全国的政治、经济和文化中心。

关于纪年，会议决定：新中国的纪元采用公元。当年为一九四九年。在长期的帝制时期，国家的纪元通常由所在王朝君主的在位年号来确定。也有的采用黄帝纪元，即以公元前 2697 年为黄帝元年，往后连续计数。1912 年中华民国成立后，又采用民国纪元，至新中国成立当年，为中华民国三十八年。新中国以公元纪年，体现了与时俱进、开创新业和与世界接轨的精神。

关于国歌，会议决定，在新中国的国歌未正式制定前，以《义勇军进行曲》为代国歌。《义勇军进行曲》是 1935 年 4 月由田汉、聂耳为电影《风云儿女》合创的主题歌，它一经问世，便引起了各界人民群众的强烈反响，很快便传遍了海内外，成为激发人们爱国热情的高昂旋律。新中国将其确定为代国歌，充分体现了对"中华民族到了最危险的时候"的强烈忧患意识和"万众一心，冒着敌人的炮火前进"大无畏民族精神的高度认可，反映了全国各族人民的共同心声和强烈意志。当时在歌词上有一些不同意见，有的主张作适当修改，有的主张不改。毛泽东、周恩来等人均赞同不作修改。"文革"期间，国歌一度受到干扰，只演奏曲调而不唱歌词。1978 年 3 月，第五届全国人大第一次会议曾通过集体重新填

中华人民共和国国歌

词的国歌，但 1982 年 12 月 4 日，第五届全国人大第五次会议又撤销了这一决定，仍沿用《义勇军进行曲》原歌词。2004 年 3 月 14 日，距《义勇军进行曲》被定为代国歌 55 年后，第十届全国人大第二次会议通过《中华人民共和国宪法修正案》，决定在宪法第一百三十六条增加一款"中华人民共和国国歌是《义勇军进行曲》"。国歌从此在法律上得到了正式确定。2017 年 9 月 1 日，第十二届全国人大常委会第二十九次会议通过了《中华人民共和国国歌法》，自同年 10 月 1 日起在内地正式施行。2017 年 11 月 4 日，第十二届全国人大常委会第三十次会议决定将《国歌法》列入《香港特别行政区基本法》附件三和《澳门特别行政区基本法》附件三，由香港和澳门特别行政区按照法律程序进行本地立法，予以实施。至此，中华人民共和国国歌的使用范围覆盖了中国内地和香港、澳门地区，使用的标准要求得到了统一规范。

关于国旗，会议决定：新中国的国旗为红地五星旗。简称"五星红旗"。当时，新政协筹备会共征集到国旗设计图案 2992 幅，筹备组从中选出 38 幅印发给代表讨论，最后由曾联松设计的大五星图案经适当修改后入选。旗上的五颗五角星象征中国共产党领导下的革命人民大团结，其中大五角星代表中国共产党，四颗小五角星分别代表中华人民共和国成立时中国人民所包括的四个主要阶级，即工人阶级、农民阶级、城市小资产阶级和民族资产阶级。1990 年 6 月 28 日，第七届全国人大常委会第十二次会议通过并公布了《中华人民共和国国旗法》，自同年 10 月 1 日起施行。2009 年 8 月，第十一届全国人大常委会第十次会议对《国旗法》的法律责任条款作了修改。2020 年 10 月 17 日，第十三届全国人大常委会第二十二次会议通过并公布了新修订的《国旗法》，自 2021 年 1 月 1 日起施行。

关于国徽，新政协筹备会提出了国徽图案的设计原则。但由于时间紧张，许多问题还需要进一步研究细化。毛泽东提出，国旗决定了，国徽是否可以慢一点决定，等将来交给政府去决定。此后，由清华大学教授梁思成小组提出的设计图案被选中，并在 1950 年 6 月召开的全国政协一届二次会议上讨论通过。同年 6 月 28 日，中央人民政府委员会第八次会议也予以通过。同年 9 月 20 日，中央人民政府委员会第八次会议通过并颁布《国徽使用办法》，对国徽的样式、悬挂场合、悬挂方式等作了规定。当天毛泽东主席颁布了关于中华人民共和国国徽图案的命令。1954 年 9 月制定的《中华人民共和国宪法》规定：中华人民共和国国徽，中间是五星照耀下的天安门，周围是谷穗和齿轮，五星即国旗的内容，象征工人阶级领导政权和革命大团结。天安门象征五四运动的发源地和在此宣告诞生的新中国。齿轮和谷穗象征工农，麦稻并用，寓含地广物博之义。以绶带紧密联结谷穗和齿轮，象征着工农联盟。1991 年 3 月 2 日，第七届全国人大常委会第十次会议通过《中华人民共和国国徽法》，同年 10 月 1 日起施行。2009 年 8 月，第十一届全国人大常委会第十次会议对《国徽法》的法律责任条款作了修改。2020 年 10 月 17 日，第十三届全国人大常委会第二十二次会议通过并公布了新修订的《国徽法》，自 2021 年 1 月 1 日起施行。

1949 年 9 月 30 日，中国人民政治协商会议在会议的最后一天发表宣言，号召全国人民团结起来，共同"建设独立民主和平统一

富强的新中国"**13**。会议一致通过在北京天安门广场建立一座人民
英雄纪念碑，以永远纪念在人民解放战争和人民革命中牺牲的人民
英雄，并通电慰问中国人民解放军全体指战员。10 月 1 日下午 2
时，中央人民政府委员会在北京就职，由毛泽东主持举行第一次会
议，宣告中华人民共和国中央人民政府成立，接受《共同纲领》为
施政方针，任命周恩来为中央人民政府政务院总理兼外交部部长，
毛泽东为中央人民政府人民革命军事委员会主席，朱德为中国人民
解放军总司令。

　　1949 年 10 月 1 日下午 3 时，30 万军民在天安门广场集会，隆
重举行开国大典。中央人民政府秘书长林伯渠宣布典礼开始，军乐
队奏《义勇军进行曲》，毛泽东亲手升起第一面五星红旗，宣读《中
华人民共和国中央人民政府公告》，向全世界庄严宣告中华人民共
和国成立。朱德在阅兵式上，宣读了《中国人民解放军总部命令》，
要求全军指战员继续向全国进军，解放一切尚未解放的国土。同
日，《人民日报》发表社论《中华人民共和国万岁》指出："前程无
限光辉的中华人民共和国已经诞生，四万万七千五百万中国人民开
始自己当权管理国家，我们这个古老的东方民族揭开了历史的新的
巨册。"**14**10 月 9 日，在人民政协全国委员会第一次会议上，许广
平委员代表马叙伦委员提出建议，每年的 10 月 1 日为新中国的国
庆纪念日，会议通过了这一议案。同年 12 月 2 日，中央人民政府
委员会第四次会议决定，每年 10 月 1 日为中华人民共和国国庆节。

　　新中国的诞生，开创了中国历史发展的新纪元。它结束了几
千年来少数剥削者对广大劳动人民的统治，结束了一百多年来大大

1949 年 10 月 1 日，人们在北京天安门广场参加开国大典

小小的帝国主义者对中国各族人民的奴役和压迫，标志着中国从半殖民地半封建社会进入新民主主义社会。"中国的历史，从此开辟了一个新的时代" **15**。

新中国的诞生，从根本上改变了旧中国四分五裂的局面。政治分裂、军阀混战，成为历史的陈迹一去而不复返了。国家统一、民族团结，举国一致、军民协和，成为新的气象。正如刘少奇所指出的："过去被人讥笑为一盘散沙的四万万七千五百万中国人民，一旦在正确的领导之下团结成为一个统一的力量，它的光芒将照耀全世界，它将迅速地肃清一切残敌，克服一切困难，把落后的中国建设成为独立、民主、和平、统一和富强的新中国。" **16**

新中国的诞生，是继十月革命之后世界社会主义运动史上最重大的事件。它使世界上最大的半殖民地半封建国家摆脱了帝国主义的压迫，极大地改变了亚洲和世界的面貌，有力地增强了世界人民民主阵线的力量，削弱了帝国主义的世界体系。占当时人类约四分之一的中国人民获得独立解放，对全世界被压迫被统治的国家和民族来说，是一个空前的鼓舞和激励。如果说第一次世界大战后俄国十月革命的成功使人们看到了新世纪的曙光，那么第二次世界大战后中国革命的胜利，则迎来了风起云涌的民族解放运动的新高涨。

——**新中国实行工人阶级领导的、以工农联盟为基础的人民民主专政的国体**。新中国成立伊始，即明确确定它是人民民主专政的国家。毛泽东指出："总结我们的经验，集中到一点，就是工人阶级（经过共产党）领导的以工农联盟为基础的人民民主专政。"**17**《共同纲领》规定，中华人民共和国的性质，是新民主主义即人民民主专政的国家，实行工人阶级领导的、以工农联盟为基础的、团结各民主阶级和国内各民族的人民民主专政。中华人民共和国第一部《宪法》规定："中华人民共和国是工人阶级领导的、以工农联盟为基础的人民民主国家。""中华人民共和国的一切权力属于人民"。现行《宪法》规定："中华人民共和国是工人阶级领导的、以工农联盟为基础的人民民主专政的社会主义国家。"工人阶级领导和以工农联盟为基础，标志着新中国的根本性质；人民民主专政，则表明了新中国与资本主义国家的根本区别，即人民是国家的主人，由人民来当家作主和治国理政。

实行人民民主专政，是由带领人民夺取政权和代表人民执掌政权的中国共产党的性质宗旨所决定的。中国共产党是中国工人阶

级的先锋队，同时又是中国人民和中华民族的先锋队，代表着中国
最广大人民的根本利益，从成立之日起，就坚持"人民至上"的根
本原则和"为人民服务"的根本宗旨。毛泽东在其一生中多次强调
为人民服务，先后 20 多次在不同场合题写过这句话，是其所有题
词中最多的内容。他在瑞金担任中华苏维埃共和国临时中央政府
主席时，就鲜明提出国家要"解决群众的一切问题"；开国大典上，
他高呼"人民万岁"。新中国成立后，各级人民政府、各类政府机
关部门的名称，都庄重地冠上了"人民"这两个字，如人民政府、
人民公安、人民法院、人民检察院、人民邮政、人民医院、人民铁
路，乃至人民币，充分体现了新中国的人民性和以人民为中心的价
值取向。

　　**——新中国实行人民代表大会制度的政体**。人民民主专政可
以有多种实现形式。中国共产党领导下建立起来的人民政权，从一
开始就实行了人民代表制度。早在第二次国内革命战争时期，党在
各地建立的革命政权都称苏维埃政权，它所管辖的区域称苏维埃区
域，简称"苏区"。"苏维埃"是俄语的音译，意思为"会议"或"代
表会议"，是俄国十月革命后红色权力机关的名称，被中国共产党
引进用来指称具有中国特色的人民政权。抗战时期各敌后抗日根据
地的"三三制"民主政权，实质上也是一种人民代表属性的政权。

　　新中国成立初期，由于条件限制，各地一时还难以召开普选
的人民代表大会，所以普遍采取了由地方各界人民代表会议代行人
民代表大会的办法。而人民代表会议之前的人民民主专政形式，则
是人民解放军的军事管制委员会。《共同纲领》规定，凡人民解放

军初解放的地方，应一律取消国民党反动政权机关，实施军事管制，由中央人民政府或前线军政机关委任人员组成军事管制委员会和地方人民政府。待条件具备时，再由各地召开各界人民代表会议，选举各级地方人民政府。到 1952 年，全国 30 个省、2 个省级行署区、160 个市、2174 个县和约 28 万多个乡，都先后召开了人民代表会议，建立起人民政府。

1954 年 9 月，第一届全国人大第一次全体会议通过了第一部《中华人民共和国宪法》及其他法律文件，选举了国家领导人，标志着人民代表大会制度和我国政治体制的基本形成。《宪法》规定，人民行使权力的机关是全国人民代表大会和地方各级人民代表大会，全国人民代表大会是最高国家权力机关，是行使国家立法权的唯一机关，其常务委员会是它的常设机关。全国人民代表大会和地方各级人民代表大会一律实行民主集中制。

人民代表大会制度是坚持党的领导、人民当家作主、依法治国有机统一的根本政治制度安排。实行这一制度，是中国人民在人类政治史上的伟大创造，是深刻总结近代以后中国政治生活惨痛教训得出的基本结论，是中国社会一百多年变革和发展的历史结果，是中国人民翻身作主、掌握历史命运的必然选择。人民代表大会制度之所以能够成为新中国的根本政治制度，是因为它深深植根于人民之中，便利于人民行使自身权力和参加国家管理，便利于集中人民群众意志力量，便利于调动和发挥人民群众的积极性创造性。正如习近平总书记所指出的：实践充分证明，这一新型政治制度是符合中国国情和实际、体现社会主义国家性质、保证人民当家作主、保障中华民族伟大复兴的好制度，具有强大生命力和显著优越性。新时代必须继续坚持这一制度，通过它把国家和民族的前途命运牢牢掌握在人民手中。

——**新中国实行中国共产党领导的多党合作和政治协商制度。** 中华人民共和国成立之初，政治体制带有明显的过渡性质，政治协商会议具有特殊重要的地位和作用。中国人民政治协商会议全体会议，在普选的全国人民代表大会召开之前，暂时执行全国人民代表大会的职权，制定中华人民共和国中央人民政府组织法，选举中央人民政府委员会，并赋予其行使国家权力的职权。同时，由于开国初期尚未制定宪法，《共同纲领》还起着临时宪法的作用。在全国人民代表大会第一次全体会议召开和《宪法》制定后，人民政协的

中华人民共和国第一部宪法

功能定位和作用范围发生了变化，但它仍将长期存在，成为各民主党派、各人民团体团结的形式和参政议政的协商机关，并以此为框架，构建起中国共产党领导的多党合作和政治协商制度。

中国共产党领导的多党合作和政治协商制度是我国一项基本政治制度，是从中国土壤中生长出来的，是中国共产党和各民主党派、无党派人士的伟大政治创造。首先，这一制度能够真实、广泛、持久地代表和实现最广大人民的根本利益和全国各族各界的根本利益，有效避免了旧式政党制度仅代表少数人、少数利益集团的弊端。其次，这一制度把各个政党和无党派人士紧密团结起来，为着共同目标而奋斗，有效避免了一党缺乏监督或者多党轮流坐庄、恶性竞争的弊端。再次，这一制度能正确集中各种意见和建议，推动决策科学化民主化，有效避免了旧式政党制度囿于党派利益、阶级利益、区域和集团利益决策施政导致社会撕裂的弊端。政治协商，主要是中国共产党与各民主党派协商。新时代坚持和完善这一制度，必须坚定不移地贯彻长期共存、互相监督、肝胆相照、荣辱与共的方针，着力发挥好民主党派和无党派人士的积极作用。

——**新中国实行民族区域自治制度**。中国是一个多民族国家，新中国成立时，对实行什么样的制度来处理民族关系、解决民族问题，经历了一个思考探讨的过程。有人主张借鉴苏联的做法，实行联邦制，让各民族地区以相对独立的形式加入到共和国中；但大多数人主张从中国国情出发，实行单一制，中央对所有地方行政区域拥有全面管治权，在民族地区实行区域自治。新中国成立后，确定实行单一制和民族区域自治制度。1949 年 10 月 22 日，中央人民政府专门成立了民族事务委员会，1952 年 8 月 9 日颁布了《民族区域自治实施纲要》，同月 14 日，政务院又发布了《关于地方民族民主联合政府实施办法的决定》。1954 年第一届全国人大第一次会议通过的《宪法》对民族区域自治问题作了更为具体的规定。在这些法律文件的指导下，各少数民族聚居区积极推行民族区域自治，逐步完成了建立民族区域自治地方的任务。

广西壮族自治区第一届人民代表大会第一次会议会场

　　民族区域自治制度是适合我国国情的一项基本政治制度，也是新中国的一项基本国策。实行这一制度，有利于保障民族平等和巩固祖国统一。它体现了国家充分尊重和保障少数民族管理本民族内部事务的权力，从根本上改变了我国少数民族在旧社会政治上受歧视、在经济上受压迫的痛苦地位，消除了历史上遗留下来的民族隔阂，建立了各民族之间的相互信任，保障了各民族平等地位的实现和国家的统一，成为国家联结少数民族的桥梁和纽带，因而受到各少数民族人民的拥护和欢迎。实行这一制度，有利于充分发挥少数民族当家作主的积极性。我国各少数民族地区的情况错综复杂、差异很大，实行民族区域自治，各少数民族可以充分享受自治权利，有针对性地加快自身发展。少数民族的人民既是整个国家的主人，又是本地区自己家园的主人，他们以主人翁的姿态，管理本民族内部地方性事务，并根据本民族本地区的特殊情况和特殊需要，把党和国家的政策与自治地方的实际结合起来，通过行使自治权力，因地制宜地发展各项事业，推动本民族的团结进步。实行这一制度，有利于促进各民族的取长补短和共同发展。毛泽东曾讲过："我们说中国地大物博，人口众多，实际上是汉族'人口众多'，少数民族'地大物博'，至少地下资源很可能是少数民族'物博'。"[18]汉族政治经济比较发达，科学技术比较先进，通过汉族帮助少数民族，可以使少数民族充分利用资源优势，以较快速度赶上先进民族的发展水平。总之，这一制度是史无前例的伟大创举，是中国特色解决民族问题的正确道路的重要内容和制度保障，必须长期坚持，不断完善。

　　党和国家在实施民族区域自治制度的同时，还领导和帮助各少数民族进行了民主改革特别是土地改革。对这项艰巨复杂的工作，各级人民政府采取了"慎重稳进"的方针，改革的时间、方式、步骤，都依各民族和各地区的特点有所区别地进行。随着民主改革的深入，还在少数民族地区进行了对生产资料私有制的社会主义改造。到 1959 年，全国已有 95% 以上的少数民族地区完成了民主改革和基本上实现了社会主义改造，使各少数民族人民从千百年来封建主和奴隶主的剥削压迫下解放出来，真正成为国家和社会的主人。

　　对民族区域自治问题，本书第二章还将作进一步叙述。

## 五、爱国主义是中华民族的优良传统

　　爱国，是人世间最深层、最持久的情感，也是世界各民族共有的品质。而中华民族和中国人民对祖国的热爱，具有自己的鲜明特点。自从有中华民族和中国以来，爱国主义就是中华民族精神的核心内容，是千百年间一直坚持不变和不断发扬光大的民族优良传统，是维系国家统一和民族团结的精神纽带，也是中国人民和中华民族自强不息的强大精神动力。爱国，对个人来说是立德之源、立功之本。做人要有气节、有人格，而气节也好，人格也好，爱国都是第一位的。孙中山先生曾说，做人最大的事情，就是要知道怎么样爱国。一个人只有树立了爱国主义思想，正确的祖国观才有坚实基础，才能真正得到巩固和强化。

**——爱国主义是中国历史长河中的高昂旋律。**中华民族的爱国主义精神和行为源远流长，纵观中国几千年的发展历程，爱国主义始终是激昂的主旋律，是光彩夺目的璀璨篇章。无论是古代，还是今天；无论是官吏巨贾，还是布衣平民；无论是居庙堂之高，还是处江湖之远，无数热爱祖国的仁人志士，用满腔的爱国情怀和崇高的爱国行为，点亮了中国的历史天空，谱写出中华民族爱国主义精神的壮丽画卷。概括起来，集中表现在五个方面：一是倾情爱国。梁启超奋笔疾书《少年中国说》，热情赞美中国的生机和未来；方志敏在狱中写下了爱国名篇《可爱的中国》，深切表达了对祖国母亲的真挚情感。闻一多在诗歌名作《一句话》中写道："有一句话说出就是祸，有一句话能点着火，别看五千年没有说破，你猜得透火山的缄默？"这句话就是"咱们的中国！"二是忠心向国。苏武持节出使，被匈奴扣押 19 年，对祖国的忠诚之心始终不变。文天祥在宋亡后坚持抗元被俘，面对威逼利诱，坚贞不屈，最后慷慨就义，其所作的《过零丁洋》《正气歌》，一直流传至今。清朝康熙年间，早已流落异域多年，定居于伏尔加河下游的蒙古土尔扈特部落心向故土，毅然举族东归，跨越千山万水，长途跋涉 8 个多月，冲破沙俄军队的围追堵截，以减员 10 万余众、整个部落损失过半的代价，终于回到了祖国怀抱。三是矢志报国。岳飞之母为其背上刺字"尽忠报国"，成为历代爱国者的人生信条。矢志报国的集中体现，就是在当国家遭遇外敌入侵时勇于挺身而出，全力反抗外侮，直至为国献身。历史上，无数爱国志士在反对民族压迫、维护国家统一的斗争中，在反抗列强侵略、拯救国家危亡的斗争中，"捐

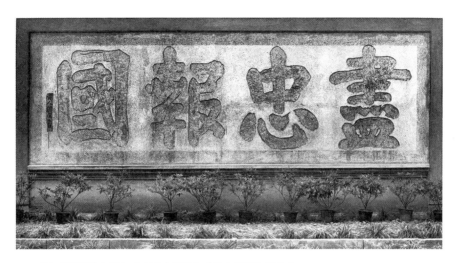

岳飞墓园照壁上嵌有明人洪珠书写的"尽忠报国"四个字

躯赴国难，视死忽如归"。卫青、霍去病抗击匈奴，出生入死；班超投笔从戎，平定西域；马援边塞御敌，马革裹尸；戚继光抗击倭寇，郑成功收复台湾，林则徐虎门销烟，三元里人民抗英，左宗棠收复新疆，邓世昌甲午殉国，都是中国各阶层人民矢志报国的典型事例。四是一心利国。就是对国家事务和本职工作尽心尽责，恪尽职守，奉献出自己的全部力量；就是最大限度地做有利国家于国家的事，无论会给自己带来什么结果。朱熹讲："古人做事，苟利国家，虽杀身为之而不辞"；林则徐撰写对联"苟利国家生死以，岂以祸福趋避之"；都体现了这种高尚的价值取向。五是真心忧国。早在先秦时韩非就讲过，"忠主忧国以争社稷之利害"。战国时的屈原就是践行这一理念的典型，他为楚国的前途命运担忧，愤而投江自尽，"虽九死其犹未悔"。到两汉和魏晋时代，"忧国"已成为普遍的德行要求。唐代韩愈的"赤心事上，忧国如家"，宋代陆游的

"位卑未敢忘忧国"，更是千古传诵的名句。忧国还包括真切体谅祖国的难处和需要，自觉为国分忧、解忧。六是奋斗兴国。即当祖国危难之时或历史转折关头，奋然而起，竭尽全力，用战斗和抗争来拯救祖国、振兴祖国，使其得以继续生存、走向复兴和不断强大。近代以来，面对亡国灭种的现实危险和"东亚病夫"的侮辱歧视，中国社会出现了大量爱国诗文，鲜明地体现了独立自强、民族复兴的主题，体现了爱国主义精神的时代特征。社会各阶层中出现了大批爱国志士，奋起反抗外族的欺凌和压迫。特别是抗日战争中全体中华儿女同仇敌忾，对日本侵略者进行空前顽强的抵抗，更是集中展现了中华民族救亡图存的强大意志，写就了可歌可泣的爱国壮举。无数事实表明，爱国主义是中华民族弥足珍贵的精神财富，也是中华文化的核心价值观。自古以来，中国人民最钦佩和敬重的是那些赤胆忠心、鞠躬尽瘁，精忠报国、为国献身的仁人志士，最痛恨和鄙视的是那些丧失国格人格、卖国求荣的民族败类。清朝乾隆皇帝对凡是降清的明朝旧臣，无论其对清朝有多大功劳，一律视为"贰臣"，令国史馆将其编入《贰臣传》，就是一个例证。

——**爱国是中国人内心深处最深厚的情感**。中国人的爱国主义精神并不是无缘无故产生的，而是有着十分深厚的历史和思想渊源。这种渊源最重要的因素有两个：一是家庭，二是家乡。

爱国主义直接源于对家人、家庭的深厚情感。人们对养育自己的父母、亲友和家庭具有天然感情。而中国早期的国家直接脱胎于具有血缘关系的家庭和族群组织结构，从一开始就是一种"家国同构""家国一体"。西周宗法封建制国家更是典型的血缘宗法共同体。在这种情况下，"家"与"邦""国"往往不加区分，而被统称为"家邦"或"家国"。国家的政治凝聚力感召力，通常以家庭、家族、宗族为基础来实现；人们对国家的感情，也始终与对家庭、家族的感情紧密联系在一起，是一种自然而然产生的朴素情感，由此形成了中国人所独有的"家国情怀"。《诗经》中所说的"保其家邦"，孔子所讲的"夫鲁，坟墓所处，父母之国"，就是这种情感的具体体现。从这个意义上看，中华民族和中国人民的爱国主义精神，是由内而外、由家而国自发地产生和巩固的，具有坚实的思想源泉和情感基础。中国人通常将"国"与"家"连用，称之为"国

八路军 115 师战士在平型关公路两侧伏击日军

家"。正是基于这个道理。习近平总书记深刻指出，要"把爱家和爱国统一起来，把实现家庭梦融入民族梦之中"**19**。如果全中国 4 亿多家庭、14 亿人民，都能从历史渊源和思想情感上与伟大祖国紧密联系起来，就将会产生热爱祖国的强烈精神追求，汇聚起保卫祖国、建设祖国的磅礴力量。

爱国主义也源于人们对家乡的深厚情感。无论家庭也好，家族也好，都是在一定地域中生存和发展的，这个地域就是养育自己及家庭的"家乡"，又称"故土""故乡"。人们对家乡与生俱来的感情和眷恋，就是所谓"乡情乡愁"。"人情同于怀土兮，岂穷达而异心""遥望中原怀故土，静观落叶总归根"，都反映了对故乡故土的不变钟情。这种乡情乡愁同样是爱国主义产生的重要基础。当家乡成为国家的一部分，成为故国故土，国家也就成为人们感情的依归之处。人们对家庭亲人的思恋、对儿时乡风乡俗的记忆、对桑梓家园的怀念，最终都会归结到对祖国深厚浓郁的热爱上。俗话说，"老乡见老乡，两眼泪汪汪"，实际上就是由乡情乡愁所引发的对共同祖国的内心体认。2014 年 6 月 6 日，习近平总书记在北京会见第七届世界华侨华人社团联谊大会代表时，一见面就讲了这句话，引起了大家的强烈共鸣。几千年来，报效桑梓，眷顾家族，爱乡恋土，敬拜祖先，都是中国人民表达自己归属感的基本方式，也是中华民族爱国主义精神经久不变的主题之一。由此可见，支撑爱国主义形成和发展的因素，既有家庭、家族，也有家园、家乡。过去，我们对家乡故土、乡情乡愁与爱国主义的内在联系认识不足、关注不够，研究也不多不深，今后应当重视和加强。

——**爱国主义的最高原则是国家利益高于一切**。不同历史时期的爱国主义具有不同的内涵和要求。从先秦到清末，由于阶级和历史的局限，爱国往往与忠君联系在一起。诸葛亮的鞠躬尽瘁、死而后已，主要是忠于刘备和刘后主；岳飞的尽忠报国，也直接表现为"靖康耻，犹未雪；臣子恨，何时灭"。千百年来，以忠君爱国为主题的作品不计其数，流传甚广，影响极大。这是因为，在古代，君主是国家的代表和象征，忠君的观念和行为是爱国主义精神的一种特定表达方式。这种思想和行为，在一定时代和一定范围内，起到了凝聚民族和团结社会的积极作用，应当实事求是地加以承认和肯定。封建帝制被推翻后，随着现代国家概念的产生，爱国的含义逐步由忠于国君进化和升华为忠于国家。国家利益高于一切，为实现

山东威海中国甲午战争博物馆内展现的黄海大海战场面

国家利益服务，维护国家的主权和领土完整，维护国家的安全和发展利益，就成为爱国主义的时代表达。

——**新中国成立后的爱国与爱党、爱社会主义紧密相连**。习近平总书记指出，在社会主义条件下，"祖国的命运和党的命运、社会主义的命运是密不可分的。只有坚持爱国和爱党、爱社会主义相统一，爱国主义才是鲜活的、真实的"[20]。

新中国是中国共产党团结带领全国各族人民建立起来的，没有共产党就没有新中国。中国革命的胜利和新中国的诞生，从根本上讲源于中国共产党的正确领导。以毛泽东为主要代表的中国共产党人，创造性地运用马克思列宁主义的基本原理，把它同中国革命的具体实践相结合，提出了在半殖民地半封建国家进行新民主主义革命的正确理论、路线方针政策和战略原则，带领中国人民战胜了无数艰难险阻和中外敌人，最终打下了人民的江山。毛泽东指出："党的二十八年是一个长时期，我们仅仅做了一件事，这就是取得了革命战争的基本胜利。"[21] 新时代弘扬爱国主义精神，必须坚持爱国与爱党相统一，这是当代中国爱国主义精神最重要的体现，离开了这一点，爱国就是一句空话。

新中国实行社会主义制度，只有社会主义才能救中国，只有中国特色社会主义才能发展中国。中国走社会主义道路是历史的选择、人民的选择。各种形式的爱国主义，最终都将汇流于社会主义，汇流于中国特色社会主义。新时代弘扬爱国主义精神，必须坚持爱国主义与社会主义相统一，真诚拥护中国特色社会主义，为中国特色社会主义事业贡献力量。离开了爱社会主义这一条，爱国就会失去最重要的依凭。

当代中国爱国主义的鲜明主题是实现中华民族伟大复兴的中国梦。中国梦的本质是国家富强、民族振兴、人民幸福，它体现了中华民族和中国人民的整体利益，表达了每一个中华儿女的共同愿景，已成为激荡在 14 亿人心中的高昂旋律，成为中华民族团结奋斗的强大动力。新时代的爱国，就是自觉为中华民族伟大复兴而拼搏奋斗。

——**巩固和发展最广泛的爱国统一战线**。这种统一战线，既包括国内的各政党、各人民团体、无党派人士，也包括海外的华侨华人。海外华侨华人素有强烈的爱国情怀。辛亥革命前，孙中山先生在海外成立兴中会、同盟会，广大爱国华侨华人踊跃参加，捐款捐物，资助革命。几次较大规模的反清武装起义，主要人员都来自海外。抗日战争时期，侨居东南亚各国的同胞自愿组成"南洋机工"团队，回国参加抗战，不少人牺牲在祖国大地。无论是 1998 年特大洪水，还是 2008 年汶川大地震，海外华侨华人都积极参与抢险救灾，特别是 2020 年抗击新冠肺炎疫情时，广大海外同胞在第一时间伸出援手，与大陆同胞守望相助，充分显示了血浓于水的手足情谊。新时代，我们要以爱国主义为核心，努力在海内外寻求最大公约数，画出最大同心圆。尤其是要大力加强对港澳台同胞和海外侨胞有关祖国历史文化的宣传教育，使他们增强国家认同和文化认同，自觉维护国家统一和民族团结。

——**加强全社会特别是青少年的爱国主义教育**。爱国主义需要通过强有力的思想教育来形成和巩固。在全社会广泛开展爱国主义教育，对于培育爱国情怀、振奋民族精神、凝聚民族力量，引导人们树立和强化正确的祖国观，为实现中国梦提供精神动力，具有重大而深远的意义。早在 1994 年，中共中央就印发了《爱国主义教育纲要》，要求在全社会广泛开展爱国主义教育。党的十八大以来，以习近平同志为核心的党中央对这项工作高度重视，作出一系列重要部署，推动爱国主义教育取得显著成效。2019 年 10 月，中共中央、国务院又专门制定下发了《新时代爱国主义教育实施纲要》，对加强新时代爱国主义教育提出了新的标准要求。

新时代开展爱国主义教育，一方面要充实教育内容；另一方面要丰富教育载体。尤其是要丰富和创新各种实践性载体。比如，要建好用好爱国主义教育基地。各级各类爱国主义基地，是激发爱国热情、凝聚人民力量、培育民族精神的重要场所。从 1997 年开始，中宣部重点建设一批有代表性的爱国主义教育示范基地，并对其进行命名，截至 2019 年 9 月，累计命名达 473 个，各地各部门共建设各级各类爱国主义基地 1.2 万个，总建筑面积 2.27 亿平方米，年接待观众超过 23 亿人次，成为激发爱国热情、凝聚人民力量、弘扬民族精神、传承红色基因的重要场所，在教育引导广大干部群众爱国情、强国志、报国行上发挥了重要作用。又比如，要注重运用仪式礼仪。主要是贯彻执行国旗法、国徽法、国歌法，宣传国旗升挂、国徽使用、国歌演唱礼仪，广泛开展"同升国旗、同唱国歌"活动。各级广播电台、电视台每天定时在主频率、主频道播放国歌，按规定组织升旗仪式和安排居民悬挂国旗，让人们充分表达爱国情感。认真组织宪法宣誓仪式、入党入团入队仪式，通过公开宣誓、重温誓词等形式，强化国家意识和集体观念。还比如，要发挥传统和现代节日的涵育功能。实施中国传统节日振兴工程，深化"我们的节日"主题活动，利用春节、元宵、清明、中秋等传统节日，开展丰富多彩、积极健康、富有价值内涵的民俗文化活动，引导人民感悟中华文化、增进家国情怀。抓住国庆节这一重要时间节点，开展"我和我的祖国"系列主题活动，引导人们歌唱祖国、致敬祖国、祝福祖国，使国庆黄金周成为爱国活动周。充分运用党的生日、八一建军节等节日，组织形式多样的纪念活动，唱响主旋律。在抗日战争胜利纪念日、烈士纪念日、南京大屠杀国家公祭日期间，组织公祭活动、瞻仰纪念碑，引导人们牢记历史缅怀先烈，激发爱国热情、凝聚奋进力量。

把青少年作为爱国主义教育的重中之重。青少年是祖国的未

在创建于 1940 年的抗战小学旧址开展爱国主义教育活动

来，青少年时期是世界观、人生观、祖国观形成的关键阶段。爱国主义教育一定要从小抓起，从幼儿园抓起，从娃娃抓起，才能有效渗进血液、透入灵魂。一个时期以来，这方面的工作还有薄弱环节。要把爱国主义教育贯穿于中小学教育的全过程，推动爱国主义进课堂、进教材、进头脑，使其成为青少年学生的必修课、基础课、核心课。要针对青少年所处的年龄和成长阶段，结合其兴趣点和接受习惯，推出反映爱国主义内容的高质量的儿童读物、教辅读物，开发体现中华文化精髓、富有爱国主义气息的网络文学、动漫、有声读物、网络游戏、手机游戏、短视频等。要借助共青团、少先队、学生会、学生社团等平台，组织开展丰富多彩的校园文化活动和校外实践，使青少年更好地了解国情民情，强化责任担当。总之，就是要通过全方位、深层次的教育引导，把"爱我中华"的种子埋入每个孩子的灵魂深处，让爱国报国的志向和情怀在下一代心田中生根发芽、代代相传。在做好上述工作的过程中，要特别重视港澳台地区青少年的爱国主义宣传教育，下大力气培养他们的爱国之情、强国之志，打牢祖国统一、一国两制的思想基础。

## 六、努力实现和坚决维护祖国统一

中国历来是一个统一的国家，但也是目前世界上少数尚未实现完全统一的大国。近代以来，西方列强的侵略使中国领土被分割和遭强占。实现祖国完全统一，坚决维护统一、反对分裂，是全体中华儿女的共同愿望，是中华民族的根本利益之所在，也是1949

年以来中国共产党、中国政府、中国人民矢志不渝的历史任务。这一任务，既包括正确解决台湾问题，实现祖国完全统一，也包括在已经回归祖国、实行"一国两制"的香港、澳门地区维护统一，还包括在全国所有地区反对各种分裂国家的企图和行径。

**——按照"和平统一、一国两制"的方针解决台湾问题。**由于种种原因，台湾目前尚处于与大陆分离的状态。这种状态一天不结束，中华民族所蒙受的创伤就一天不能愈合，中国人民为维护国家统一和领土完整的斗争也就一天不会停止。解决台湾问题，最根本的是贯彻"和平统一、一国两制"的基本方针，坚持一个中国原则，促进两岸关系和平发展，坚决维护国家主权和领土完整。

台湾是中国领土不可分割的一部分。台湾地处中国大陆的东南缘，是中国的第一大岛，自古即属于中国，为中国各族人民所开拓和定居。早在距今 1700 多年前，三国吴人沈莹的《临海水土志》就对此有过描绘，是世界上记述台湾最早的文字。公元 3 世纪和 7 世纪，三国孙吴政权和隋朝政府曾分别派遣万余人去台。进入 17 世纪后，中国人民在台湾的开拓规模越来越大。中国历代政府在台湾都建立过行政机构，行使管辖权。1885 年（清光绪十一年），清政府正式划台湾为单一行省。从 1642 年起，荷兰和西班牙先后侵占台湾。1661 年，郑成功率众进军台湾，于次年驱逐了盘踞在台的荷兰殖民者。甲午战争后，清政府在日本威迫下签订了《马关条约》，割让台湾。在日本占领台湾期间，台湾同胞一直坚持抵抗斗争。抗日战争爆发后，中国政府于 1941 年 12 月在《中国对日宣战布告》中昭告各国：所有一切条约、协定、合同有涉及中日关系者一律废止，《马关条约》即属废止之列。这一布告还郑重宣布：中国将"收复台湾、澎湖、东北四省土地"。国际社会对此均给予承认和支持。1943 年 12 月，中、美、英三国签署的《开罗宣言》指出："三国之宗旨……在使日本所窃取于中国之土地，例如满洲、台湾、澎湖列岛等，归还中国。"1945 年 7 月，《波茨坦公告》对此加以确认。同年 8 月 15 日，日本在宣布投降的《日本投降条款》规定："兹接受中美英三国共同签署的、后来又有苏联参加的波茨坦公告的条款。"10 月 25 日，同盟国中国战区台湾省受降仪式在台北举行，受降主官代表中国政府宣告：自即日起，台湾及澎湖列岛已正式重入中国版图，所有一切土地、人民、政事皆已置于中国主权之下。至此，台湾、澎湖重新归于中国主权管辖。几十年来，凡与中华人民共和国建立外交关系的国家，都明确承认台湾是中国的一部分。无论从历史上还是从法理上，台湾作为中国不可分割的一部分的地位都是确定的、不能改变的，完全不存在什么争议和所谓"自决"问题。

台湾问题是中国内战遗留下来的问题。抗日战争胜利后，国民党集团发动了反人民的内战，中国共产党领导全国各族人民最终推翻了南京国民政府，国民党集团的一部分军政人员退踞中国台湾省，在外国势力的支持下与中央政府对峙，台湾问题由此产生。当时的美国政府对新中国采取孤立、遏制政策，于朝鲜战争爆发后武装干涉海峡两岸关系，不仅派军队进入台湾海峡，而且与台湾当局签订了所谓《共同防御条约》，将台湾置于美国的"保护"之下。1971 年 10 月，第 26 届联合国大会通过决议，恢复了中华人民共和国在联合国的一切合法权利，并驱逐台湾当局"代表"。1972年2月，美国总统尼克松访华，中美在上海发表联合公报。公报称："美国方面声明，美国认识到，在台湾海峡两边的中国人都认为只有一个中国，台湾是中国的一部分。美国政府对这一立场不持异议。"1978年，美国政府接受了中国政府提出的建交三原则，即：美台断交、废除《共同防御条约》以及从台湾撤军。中美于1979年1月1日正式建交，中美关系实现了正常化。但中美建交不过三个月，美国国会就通过了所谓"与台湾关系法"，并经美国总统签署生效。美国政府根据这个关系法，继续向台湾出售武器和干涉中国内政，阻挠台湾与中国大陆的统一。1982年8月17日，中美联合发表了"八一七公报"，美国政府作出逐步减少对台军售的承诺，但此后美国不但没有认真执行公报规定，而且不断发生违反公报的行为。

新中国成立后，中国政府为解决台湾问题作出了长期不懈的努力。早在20世纪50年代就曾设想以和平方式解决台湾问题，但由于外国势力的干预而未能付诸实践。70年代末，着眼于新的历史条件，中国政府明确提出了解决台湾问题的方针——"和平统一、一国两制"。1979年元旦，中华人民共和国全国人大常委会发表《告台湾同胞书》，郑重宣告了中国政府和平解决台湾问题的大政方针。1981年9月30日，叶剑英委员长发表谈话，进一步对这一方针和有关政策作了阐明。1982年1月11日，中国领导人邓小平指出，这实际上就是"一个国家、两种制度"。1995年1月，时任中共中央总书记江泽民发表发展两岸关系、推进祖国和平统一进

政协全国委员会 1979 年 1 月 1 日就人大常委会发表的《告台湾同胞书》举行座谈会

程的八条主张。2019 年 1 月 2 日，习近平总书记在《告台湾同胞书》发表 40 周年纪念大会上发表重要讲话，全面阐述了新时代实现祖国和平统一的方针政策。1993 年 8 月，国务院台湾事务办公室和国务院新闻办公室发表了《台湾问题与中国的统一》白皮书，系统论述中国政府解决台湾问题的基本方针。2000 年 4 月，又再次发表《一个中国的原则与台湾问题》白皮书，对若干重大问题进行阐发和说明。

"和平统一、一国两制"方针和相关政策的要点包括：争取和平统一，但是不承诺放弃使用武力；积极推动两岸人员往来和经济、文化等各项交流，实现两岸直接通邮、通航、通商；通过和平谈判实现统一，在一个中国原则下什么都可以谈；统一后实行一国两制，中国的主体（中国大陆）坚持社会主义制度，台湾保持原有的资本主义制度长期不变；统一后台湾实行高度自治，中央政府不派军队和行政人员驻台；解决台湾问题是中国的内政，不需要借助外国力量；等等。这些方针和政策，体现和贯彻了一个中国原则，也充分尊重了台湾同胞当家作主、管理台湾的愿望。按照这一方针实现祖国统一后，台湾同胞的社会制度和生活方式等将得到充分尊重，台湾同胞的私人财产、宗教信仰、合法权益将得到充分保障，原本一直困扰台湾的各种问题将得到合理解决。两岸可以携手合作，共同振兴中华，台湾同胞将与祖国其他地区人民一道，共享伟大祖国的尊严和荣誉。

一个中国原则是解决台湾问题、实现和平统一的基础和前提。一个中国原则是在新中国成立后与外国发展正常外交关系的过程中，在维护中国主权和领土完整的斗争中产生的，其基本含义是：世界上只有一个中国，台湾是中国的一部分，中华人民共和国政府是代表全中国的唯一合法政府。按照国际法，一个主权国家只能有一个中央政府代表这个国家。1949 年 10 月 1 日，中华人民共和国中央人民政府宣告成立，取代中华民国政府成为全中国的唯一合法政府和在国际上的唯一合法代表。这是在同一国际法主体没有发生变化的情况下新政权取代旧政权，中国的主权和固有领土疆域并未由此而改变，中华人民共和国政府理所当然地完全享有和行使中国所有地区的主权。毛泽东在开国大典上庄严宣布："本政府为代表中华人民共和国全国人民的唯一合法政府。凡愿遵守平等、互利及互相尊重领土主权等项原则的任何外国政府，本政府均愿与之建立外交关系。"**22** 从此时开始，一个中国原则就成为新中国外交的一项不可动摇的基本原则。本着这一原则，新中国与世界上 180 个国家建立了外交关系，并恢复了自己在联合国的合法席位。国民党政权退踞台湾后虽然继续使用"中华民国"和"中华民国政府"的名称，但它早已完全无权代表中国行使国家主权，实际上只是中国领土上的一个地方当局。

中国政府在国际事务中处理涉及台湾问题时，始终坚持一个中国的原则，坚决反对"两个中国""一中一台"或"一国两府"，反对一切可能导致"台湾独立"的企图和行径。比如，在与中国建交国同台湾的关系问题上，台湾作为中国的一部分，在国际上无权代表中国，不能与外国建立外交关系和发展具有官方性质的关系。又比如，在国际组织与台湾关系问题上，必须在坚持一个中国原则立场的前提下，根据有关国际组织的性质、章程规定和实际情况，以中国政府同意和接受的某种方式来加以处理。台湾当局企图"重返联合国"、参加政府间国际组织、在某些只有主权国家才能参加的国际组织中搞所谓"一国两席"，都是行不通的。还比如，在与中国建交国向台湾出售武器问题上，凡与中国建交的国家，都不能以任何形式向台湾出售武器，或帮助台湾生产武器，或与台湾进行任何形式的军事结盟，否则就是违反国际关系准则，干涉中国内政。

——推进"**一国两制**"在香港、澳门的实践行稳致远。香港、澳门问题也是历史遗留问题。香港自古以来就是中国领土，由香港岛、九龙半岛、新界及 260 多个离岛组成。1840 年英国发动鸦片战争，强迫清政府签订《南京条约》，割让香港岛。1856 年英法联军发动第二次鸦片战争，迫使清政府签订《北京条约》，割让九龙半岛南端即今界限街以南的地区。中日甲午战争后，英国又逼迫清政府签订《展拓香港界址专条》，强租界限街以北、深圳河以南的九龙半岛北部大片土地以及附近 230 多个大小岛屿（后统称"新界"），租期 99 年。澳门原属于广东省香山县（今珠海市），由澳门半岛、凼仔和路环两个离岛组成。总面积共 29.2 平方公里。1535年葡萄牙人贿赂澳门官吏，取得停靠码头、进行贸易的权利。1535年又借口曝晒水渍货物，强行上岸租占，并通过贿赂于 1557 年正式在澳门定居，同年开始使用澳门名称。1848 年后，葡萄牙殖民者相继占领了澳门半岛、凼仔岛和路环岛。1887 年，葡萄牙殖民者在《中葡会议草约》中塞进了"葡国永驻管理澳门"的字样。同年 12 月，清政府与葡签订的《和好通商条约》中确认《中葡会议草约》中有关澳门的提法。香港和澳门成为殖民地，是近代中国遭受西方列强侵略的结果，是中国的"国耻"。

"一国两制"构想使香港、澳门实现了和平回归。20 世纪 80年代初，中英两国政府就解决香港问题开始谈判。自 1982 年 10 月始先后举行了 22 轮正式谈判，最终于 1984 年 9 月 18 日达成协议。12 月 19 日中国总理与英国首相在北京签署了《中英联合声明》。1985 年 5 月 27 日，两国政府在北京互换批准书，声明正式生效，香港进入了中国恢复行使主权前历时 12 年的过渡期。1996 年 12月 11 日，香港特区第一届推选委员会选举董建华为香港特区第一届行政长官人选。2 月 20 日，中央政府根据董建华的提名，任命特区第一届政府 23 名主要官员。经历了百年分离的香港回归祖国。1979 年 2 月中葡建交后，两国就澳门问题达成协议，指出澳门是中国的领土，暂由葡萄牙管理，澳门问题是历史遗留问题，在适当时机由中葡两国通过友好协商解决。1986 年 6 月，中葡在北京就澳门问题举行首轮会谈。1987 年 4 月，中葡两国政府签订了《关于澳门问题的联合声明》，宣布：澳门地区（包括澳门半岛、凼仔岛和路环岛）是中国的领土。中华人民共和国于 1999 年 12 月 20 日对澳门恢复行使主权。

香港、澳门的和平回归，洗雪了中华民族的百年屈辱，同时也改变了历史上但凡收复失地都要大动干戈的所谓定势，充分证明了"一国两制"构想的正确性。它为国际社会解决类似问题提供了一个新思路新方案，是中华民族为世界和平与发展作出的重大贡献，凝结了海纳百川、有容乃大的中国智慧。

"一国两制"实践在香港、澳门取得了举世公认的成功。香港、澳门回归祖国后，重新纳入了国家治理体系，走上了同伟大祖国共同发展、永不分离的宽广道路。事实证明，"一国两制"是解决香港、澳门问题的最佳方案，也是香港、澳门回归后保持长期繁荣稳定的最佳制度，是完全行得通、办得到、得人心的，有着强大的生命力。新时代在香港、澳门深入推进"一国两制"实践，既要坚定不移，又要全面准确。关键要牢牢把握"一国两制"的根本宗旨和科学内涵。"一国两制"是一个完整概念，必须把坚持"一国"原则和尊重"两制"差异有机结合起来，做到坚守"一国"之本，实现"两制"和谐相处、相互促进。要严格依照宪法和基本法办事，坚持以爱国者为主体的"港人治港""澳人治澳"。要支持香港、澳门抓住新的重大战略机遇，更加积极主动地融入国家发展大局，实现新发展，作出新贡献。近年来，中央政府和内地采取了多项有力措施，全面帮助香港、澳门特别行政区发展经济，积极支持香港、澳门参与共建"一带一路"和粤港澳大湾区建设，使香港、澳门的经济社会发展呈现出新的生机活力。

　　——**坚决反对各种形式的分裂国家的活动和图谋。**中国人民从历史中得到的一条深刻经验启示就是：国家的统一对于中华民族的生存和发展来说至关重要。我们坚决维护国家主权和领土完整，绝不容忍国家分裂的历史悲剧重演。一切分裂祖国的活动都必将遭到全体中国人的坚决反对。基于这一认识，2005 年 3 月 14 日，第十届全国人大三次会议以高票通过了《反分裂国家法》，从法律层面确立了维护国家统一、反对分裂活动的根本原则。维护国家统一既是每个主权国家的神圣权利，同时也是国际法的基本原则。联合国《关于各国依联合国宪章建立友好关系及合作之国际法原则之宣言》明确指出：凡以局部或全部破坏国家统一及领土完整或政治独立为目的之企图，都是不符合联合国宪章精神的。

　　维护祖国统一，最重要的是反对"台独"势力分裂国家的活动和图谋。在一个相当长的时间里，两岸的中国人在"世界上只有一个中国、台湾是中国领土的一部分"这一根本问题上是具有共识的。特别是 1992 年 11 月，海协会和海基会达成了"海峡两岸同属于一个中国，共同努力谋求国家统一"的"九二共识"，两会领导人于 1993 年 4 月成功举行"汪辜会谈"并签订了 4 项协议。

1998 年 10 月，两会领导人在上海以平等地位会晤，开启了两岸政治对话。但自 20 世纪 90 年代末以来，台湾当局领导人逐步背弃一个中国原则，极力推行以制造"两个中国"为核心的分裂政策，致使岛内"台独"活动日益嚣张，给两岸关系发展和国家和平统一投下了阴影。"台独"的产生有着复杂的社会历史根源和国际背景。极少数"台独"分子鼓吹"独立"，甚至妄图依靠外国，将台湾从中国分裂出去；台湾当局顽固拒绝和谈、限制交往、在国际上推行"双重承认"和"两个中国""一中一台"政策，为"台独"活动提供了条件；某些国际势力不希望中国统一，千方百计插手中国内政，支持台湾当局"拒和拒统"政策和岛内分裂势力，为两岸和平统一制造障碍。当前，对两岸关系和平发展的最大现实威胁就是"台独"势力及其分裂活动，它将给两岸同胞带来深重祸害。中国政府和全中国人民严重关注"台独"事态的发展，始终坚持"九二共识"，坚决反对和遏制"台独"分裂图谋，绝不会坐视不理各种制造"台湾独立"的行径，绝不容忍国家分裂的历史悲剧重演，绝不为任何形式的"台独"分裂活动留下任何空间。中国人不打中国人，我们愿意以最大诚意、尽最大努力争取和平统一的前景，但不承诺放弃使用武力，保留采取一切措施的选项。这并不是针对台湾人民的，而是针对外部势力干涉和极少数"台独"分子及其分裂活动。中国政府和人民有坚定的意志、充分的信心、足够的能力挫败"台独"分裂图谋，绝不允许任何人、任何组织、任何政党，在任何时候、以任何形式、把任何一块中国领土从中国分裂出去。

维护祖国统一，还要坚决反对"港独"等分裂国家的活动和图谋。近年来，香港社会不断有人鼓吹香港所谓的"固有权力""自主权力"，否认或抗拒中央对香港的管治权。特别是2019年"修例风波"以来，出现了旷日持久的社会政治动荡和不断升级的街头暴力，反中乱港势力公然鼓吹"香港独立"和"自决""公投"等主张，"港独"组织和极少数激进暴力分子猖狂实施各种破坏国家统一的活动。外部势力直接插手干预香港事务，严重挑战"一国两制"底线，严重危害国家主权、安全和发展利益。对此，全国人大及时作出关于建立健全香港特别行政区维护国家安全的法律制度和执行机制的决定，并授权全国人大常委会针对香港情况研究制定了相关法律，将其列入香港基本法附件三，由香港特别行政区在当地公布实施。这一制度安排是十分必要和完全正确的，符合宪法规定和宪法原则，与基本法的立法宗旨和确立的有关制度高度一致，将会有效地维护香港特别行政区的国家安全，有力地巩固和拓展"一国两制"的法治基础、政治基础和社会基础。与此同时，全国人大依法决定香港特区第七届立法会选举推迟一年、由第六届立法会继续履行职责。上述决定和相关法律出台后，得到了香港各界和国际社会的拥护和支持，有力地打击和震慑了"港独"分裂活动。今后，要进一步健全中央依照宪法和基本法对特别行政区行使全面管治权的制度，推动香港特别行政区落实维护国家安全的有关法律制度和执行机制，支持香港特区政府坚决果断展开执法活动，遏制"港独""黑暴"活动，防范和遏制外部势力干预香港事务。

## 七、建设社会主义现代化国家

中国作为人类文明古国，经历了几千年的漫长发展过程，在中国共产党领导下获得了新生。中国最终将走向何方？会以什么样的面貌自立于世界民族之林？这是摆在中国共产党人和中国各族人民面前的重大历史课题，也是认识把握中国前途命运的基本着眼点。

——**把中国建成社会主义现代化国家，是我们党和人民孜孜以求、一以贯之的奋斗目标**。使中国摆脱贫穷落后，跟上时代步伐，走上现代化之路，实现民族复兴，是近代以来中国人民最伟大的梦想。鸦片战争后，中国人民和无数仁人志士苦苦寻求中国现代化的目标和道路。孙中山先生的《建国大纲》被称为近代中国谋求现代化的第一份蓝图，但在半殖民地半封建社会的条件下，这份蓝图没有也不可能变为现实。中国共产党从成立之日起，就把实现现代化作为自己的奋斗目标。新中国成立后，党对中国现代化建设进行了艰辛探索。1956年，毛泽东提出："我国人民应该有一个远大的规划，要在几十年内，努力改变我国在经济上和科学文化上的落后状况，迅速达到世界上的先进水平。"[23] 他还警示，如果搞得不好，就会被开除"球籍"。[24]1954年，周恩来在第一届全国人大上所作的政府工作报告中指出："如果我们不建设起强大的现代化的工业、现代化的农业、现代化的交通运输业和现代化的国防，我们就不能摆脱落后和贫困，我们的革命就不能达到目的。"[25] 这是中国共产党第一次明确提出"四个现代化"目标。尽管由于后来发生了"文化大革命"，这一设想没有完全展开，但从 1949 年到 1978 年，国家的现代化建设一直在坚持进行。改革开放以后，邓小平明确提出"三步走"发展战略，即到 20 世纪 80 年代末解决人民温饱问题，到 20 世纪末使人民生活达到小康水平，到 21 世纪中叶基本实现现代化，达到中等发达国家水平。进入新世纪，在人民生活总体上达到小康之后，党的十八大又提出，到建党 100 周年时，全面建成惠及十几亿人口的更高水平的小康社会，然后再奋斗 30 年，到新中国成立 100 年时，基本实现现代化，把我国建成社会主义现代化国家。党的十九大从新的历史方位出发，对全面建成小康社会和开启全面建设社会主义现代化国家新征程作出新的战略部署，对实现第二个百年奋斗目标作出分两个阶段推进的战略安排：第一个阶段，从 2020 年到 2035 年，在全面建成小康社会的基础上，再奋斗 15 年，基本实现社会主义现代化。第二个阶段，从 2035 年到本世纪中叶，在基本实现现代化的基础上，再奋斗 15 年，把我国建成富强民主文明和谐美丽的社会主义现代化强国。[①] 所有这些，都科学确立了中国现代化的远大目标，描绘了中国发展和民族复兴的宏伟蓝图。可以说，党近百年来团结带领全国各族人民所进行的一切奋斗，归根到底就是为了实现中国的现代化和中华民族伟大复兴。从"一五"计划到"十四五"规划，一以贯之的主题就是把我国建设成为社会主义现代化国家。尽管其间走过一些弯路，也遭遇过一些意想不到的困难和挫折，但党和人民的这一意志和决心始终没有

---

[①] 习近平：《决胜全面建成小康社会 夺取新时代中国特色社会主义伟大胜利——在中国共产党第十九次全国代表大会上的报告》，人民出版社 2017 年版，第 29 页。

动摇。在这个过程中，我们党在认识上不断深入、在战略上不断成熟、在实践上不断丰富，为新发展阶段全面建设社会主义现代化国家奠定了实践基础、理论基础、制度基础。

——**2021 年，我们将如期完成全面建成小康社会的任务，踏上全面建设社会主义现代化国家的新征程。**党的十八大以来，以习近平同志为核心的党中央团结带领全党全国各族人民砥砺前行、开拓创新，奋发有为推进党和国家各项事业，坚决有力应对各种风险挑战，决胜全面建成小康社会取得决定性成就，中国特色社会主义的航船继续乘风破浪，坚毅前进。特别是"十三五"期间，全面深化改革取得重大突破，全面依法治国取得重大进展，全面从严治党取得重大成果，全面建成小康社会胜利在望。中国共产党领导和

2019 年 9 月 25 日，北京大兴国际机场正式通航

我国社会主义制度优势进一步彰显，中华民族伟大复兴向前迈出了新的一大步，社会主义中国以更加雄伟的身姿屹立于世界东方。在这样的历史起点上，开启全面建设社会主义现代化国家新征程，进入新发展阶段，就成为全党全国各族人民新的光荣而伟大的任务。新发展阶段就是全面建设社会主义现代化国家、向第二个百年奋斗目标进军的阶段。这在我国发展进程中具有里程碑意义。

**——从 2021 年到 2035 年，我们将努力实现 2035 年远景目标，在中国基本实现社会主义现代化。**2020 年 10 月，中共十九届五中全会审议通过了《中共中央关于制定国民经济和社会发展第十四个五年规划和二〇三五年远景目标的建设》（以下简称《建议》），认真总结决胜全面建成小康社会取得的决定性成就，深入分析我国发展环境面临的深刻变化，明确提出二〇三五年基本实现社会主义现代化的远景目标。这就是：我国经济实力、科技实力、综合国力将大幅跃升，经济总量和城乡居民人均收入将再迈上新的大台阶，关键核心技术实现重大突破，进入创新型国家前列；基本实现新型工业化、信息化、城镇化、农业现代化，建成现代化经济体系；基本实现国家治理体系和治理能力现代化，人民平等参与、平等发展权利得到充分保障，基本建成法治国家、法治政府、法治社会；建成文化强国、教育强国、人才强国、体育强国、健康中国，国民素质和社会文明程度达到新高度，国家文化软实力显著增强；广泛形成绿色生产生活方式，碳排放达峰后稳中有降，生态环境根本好转，美丽中国建设目标基本实现；形成对外开放新格局，参与国际经济合作和竞争新优势明显增强；人均国内生产总值达到中等发达国家水平，中等收入群体显著扩大，基本公共服务实现均等化，城乡区域发展差距和居民生活水平差距显著缩小；平安中国建设达到更高水平，基本实现国防和军队现代化；人民生活更加美好，人的全面发展、全体人民共同富裕取得更为明显的实质性进展。这个远景目标，是中国共产党站在新的历史起点上，对未来15年所作的战略筹划，是中国建设社会主义现代化国家进程中的一个重要里程碑，为全党全国各族人民继续奋斗指明了前进方向。其中，"法治国家""创新型国家""科技强国""文化强国""教育强国""人才强国""体育强国""制造强国""质量强国""网络强国""交通强国""健康中国""美丽中国""平安中国""数字中国"等关键词，生动而具体地明确和描绘了社会主义现代化国家在各个方面的基本指标，令人振奋和鼓舞。

**——从2021年至2025年，我们将努力实现"十四五"时期经济社会发展的主要目标，为全面建设社会主义现代化国家奠定坚实基础。**"十四五"时期是我国在实现第一个百年奋斗目标之后，向第二个百年奋斗目标进军的第一个五年，也是全面建设社会主义现代化国家新征程上的第一步。不仅对实现二〇三五年远景目标至关重要，而且对到21世纪中叶把我国建成富强民主文明和谐美丽的社会主义现代化强国影响深远。党的十九届五中全会通过的《中共中央关于制定国民经济和社会发展第十四个五年规划和二〇三五年远景目标的建议》，紧紧抓住我国社会主要矛盾，明确提出"十四五"时期我国经济社会发展的主要目标，这就是：经济发展取得新成效；改革开放迈出新步伐；社会文明程度得到新提高；生态文明建设实现新进步；民生福祉达到新水平；国家治理效能得到新提升。这些目标，是在二〇三五年远景目标的指导下，综合考虑国内外发展趋势和我国发展条件提出来的，坚持了继承和创新的统一、战略和战术的统一，体现出很强的科学性、前瞻性，完全符合我国实际，也是完全可以实现的。《建议》围绕这些目标，提出了一批具有标志性的重大战略和富有前瞻性、全局性、基础性、针对性的重大举措，部署了"十四五"时期重点领域的重要工作任务。所有这些系统谋划和战略部署，对于动员和激励全党全国各族人民，对于在全面建设社会主义现代化国家新征程上开好局、起好步，具有十分重要的意义。

## 注　释

1　《马克思恩格斯论中国》，人民出版社 2018 年版，第 134 页。

2　参见胡阿祥：《吾国与吾名：中国历代国号与古今名称研究》，江苏人民出版社 2018 年版。

3　《毛泽东选集》第二卷，人民出版社 1991 年版，第 621 页。

4　《诗经·小雅·北山》。

5　《史记·秦始皇本纪》。

6　中华人民共和国年鉴社：《中国国情读本（2020 版）》，新华出版社 2020 年版，第 13—14 页。

7　国家统计局：《中华人民共和国 2019 年国民经济和社会发展统计公报》，《人民日报》2020 年 2 月 29 日，第 5 版。

8　《毛泽东选集》第二卷，人民出版社 1991 年版，第 622 页。

**9** 《孙中山全集》第 6 卷，中华书局 1985 年版，第 528—529 页。

**10** 《中庸》第三十一章。

**11** 《毛泽东选集》第四卷，人民出版社 1991 年版，第 1467 页。

**12** 《毛泽东文集》第五卷，人民出版社 1996 年版，第 343、344 页。

**13** 《毛泽东文集》第五卷，人民出版社 1996 年版，第 348 页。

**14** 《人民日报》1949 年 10 月 1 日，第 1 版。

**15** 《毛泽东文集》第五卷，人民出版社 1996 年版，第 348 页。

**16** 《刘少奇选集》上卷，人民出版社 1981 年版，第 433 页。

**17** 《毛泽东选集》第四卷，人民出版社 1991 年版，第 1480 页。

**18** 《毛泽东文集》第七卷，人民出版社 1999 年版，第 33 页。

**19** 《习近平谈治国理政》第二卷，外文出版社 2017 年版，第 354 页。

**20** 《习近平关于社会主义文化建设论述摘编》，中央文献出版社 2017 年版，第 129 页。

**21** 《毛泽东选集》第四卷，人民出版社 1991 年版，第 1480 页。

**22** 《毛泽东文集》第六卷，人民出版社 1999 年版，第 2 页。

**23** 《毛泽东文集》第七卷，人民出版社 1999 年版，第 2 页。

**24** 《毛泽东文集》第七卷，人民出版社 1999 年版，第 89 页。

**25** 《建国以来重要文献选编》第五册，中央文献出版社 1993 年版，第 584 页。

# 第二章

# 中华民族：56 个民族组成的命运共同体

民族是人类社会特有的现象。通常情况下，每个人都生活在特定的民族之中，都属于某个民族中的一员。对民族尤其是自身所属民族的认识即民族意识或民族观念，直接决定着一个人的民族归属感、自尊心和自豪感，影响着其处理民族问题的态度和行为。中华民族是世界上最古老的民族之一，也是由 56 个民族组成的大家庭。民族问题在中国具有特殊重要的位置。如何正确认识中华民族形成发展的历史和鲜明特点，深刻把握各民族在中华民族大家庭中的地位作用及其相互关系，坚持铸牢中华民族共同体意识，是保持中华民族凝聚力向心力的前提条件，也是推进新时代中国特色社会主义事业的必然要求。

马克思主义关于民族问题有一系列内容丰富、逻辑严整的重要论述，主要包括：民族是具有共同语言、共同地域、共同经济生活以及表现在共同文化上的共同心理素质的稳定的人们共同体；民族是在历史上逐步形成的，民族形成的模式和路径多种多样；民族的发展总体上与社会发展的进程相一致，但又具有其所在国家的特殊性；民族形成后，伴随着人类社会的发展和变革，逐步从古代民族发展演进为现代民族；在民族发展过程中，存在着"民族同化"和"民族融合"两种重要现象；由于民族之间的差异，以及民族与国家、阶级之间的复杂关系和固有矛盾，必然会产生民族问题。不同的阶级、政党和统治集团，在不同的历史时期，解决民族问题有着不同的思路和途径；马克思主义政党解决民族问题和制定民族政策的基本原则是民族平等、民族团结、民族自治、各民族共同发展进步；如同阶级、国家一样，民族最终也会走向消亡，但这是一个相当长的历史时期，民族的消亡可能要比阶级、国家的消亡还要晚；等等。马克思和恩格斯提出的这些重要思想观点，深刻揭示了民族的形成过程和民族问题的解决之道，有力地指导了世界范围内的民族解放运动，同时也成为中国化民族观赖以建立的坚实理论基础。

## 一、各民族在中华大地上生息繁衍、发展演变

中文"民族"是近代以后才出现的词汇。在中国古代典籍文献中，《尚书》里有"民"字，《左传》里有"族"字，近代学者将这两字合一组成复合词，用来翻译英文中"nation"一词。"民族"与"种族"不同，"民族"是指人们在历史上形成的共同体，所涉及的问题是人类的社会生活问题。"民族学"以民族特点、民族关系、民族政策为研究对象，属于社会科学的范畴；而"种族"则是指某一

人种所组成的族群，所涉及的问题属于人类的生理或血统问题。"人种学"以人类体质特征为研究对象，属于生物学的范畴。中国的民族既有世界上各民族的共性，又有自己的一系列鲜明特点。

　　——**中华大地是人类的重要起源地之一，也是中国各民族孕育和形成的地方**。关于中国境内人类和民族的起源，过去长期存在着"本土说"和"外来说"的争论。尤其是所谓"西来说""新西来说"曾流行一时。新中国成立后，大量考古材料和研究成果推翻了这些错误结论。事实表明：中华大地是人类起源的重要地区之一，是蒙古人种的故乡。中国境内各民族均直接发源于中华大地，并非来自今日中国域外之任何一处。早在遥远的古代，中华这块土地上就生活着不同的人群，从距今 170 万年的云南元谋人、距今 100 万年的陕西蓝田人，到距今 50 万年的北京人，以及山西丁村人、广东马坝人、山顶洞人等，都是中国的原生土著人。

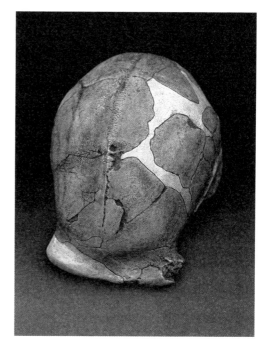

北京猿人头盖骨

　　——**千万年来，众多民族在中华大地上不断孕育形成、生息繁衍和发展演化**。马克思主义认为，从家族、氏族、部落发展成民族，是原生民族形成的基本方式。恩格斯在论证民族、国家形成问题时指出："从部落发展成了民族和国家。"[1]民族形成的时间，早于阶级和国家的形成，通常是在原始社会的末期。恩格斯在《家庭、国家和私有制的起源》中，曾多次使用"野蛮民族""蒙昧民族""游牧民族"等概念，即是指那些尚处在原始社会后期的人们共同体。在中国，这一时期大约是距今 6000 年至 5000 年的父系氏族社会和新石器时代晚期。除了"自然生成"方式之外，民族形成还有"民族演化"这一类型，即通过"民族分裂""民族融合"形成新的民族。从黄帝时代起，中华大地上就存在着成千上万的部落和早期民

炎帝

族，当时被称作"万方""万邦"。其中，位于黄河中下游的华夏族最具代表性。距今 5000 年左右，以黄帝为首领的部落联盟战胜并融合了炎帝、蚩尤、黎苗等部落之后，华夏族的雏形开始形成。之所以称为"华夏"，是因为这个民族后来建立了夏朝，而"华"字又有先进之义。此后历经夏、商、周的发展壮大，到春秋战国时，华夏族已成为比较稳定和具有一定规模的民族共同体，但在政治上

尚未得到全面和巩固的统一。后来又经过秦汉 400 多年的发展，华夏族才真正成为统一而且相当稳固的民族实体，并在各民族中占据了主体位置。华夏族的称呼也因汉朝的国力强大和声名远播而改称为"汉族"。这一改称，并不是华夏民族这一共同体的本质变化，更不是新民族的形成，而仅是民族名称的改变，它标志着华夏族的发展进入了一个新的阶段，吸收了更多的民族成分，族体更大，也更为兴旺和强盛。在华夏族形成发展的同时，其他民族也都在各自的外部环境和自身条件下，进行着不同形式和路径的发展演变。

　　——**各民族经过长期发展演变，最终形成了今天的 56 个民族。**在几千年的漫长历史中，伴随着各民族的复杂发展演变，特别是民族分化和民族同化，中华大地上的民族格局在不断发生变迁。有许多民族登上历史舞台，也有许多民族消失在历史长河；一些民族逐步强盛起来，也有一些民族慢慢走向衰落。新中国成立后，1953 年第一次全国人口普查时，全国各地自行申报登记的民族名称有 400 多个。中央政府对全国民族分布状况开展了系统调查，对各民族进行识别、归并和认定，最终认定了 56 个民族。从 1950 年到 1954 年，共确认了蒙古、回、壮、藏、维吾尔等 38 个少数民族。自 1954 年起，在全国范围内开展了更加广泛的民族调查和识别工作，到 1964 年，又新确认了土家、布朗、怒、京等 15 个少数民族，并将 74 种不同名称的族体归并到 53 个少数民族之中。此外，还有几十种族体在识别过程中自动撤销了原登记的民族名称。1965 年又确认珞巴族为单一的少数民族，1979 年确认基诺族为单一的少

2015 年 8 月 9 日，56 个民族火炬手共同点燃第十届全国少数民族传统体育运动会圣火

数民族。截至 2010 年全国第六次人口普查，全国正式确认的少数民族共 55 个，加上汉族共 56 个民族。其中人口最多的是汉族，其他 55 个民族人口相对较少，习惯上被称为"少数民族"。在少数民族中，人口最多的是壮族，有约 1693 万人；人口在万人以下的有 6 个民族，分别是：鄂伦春、独龙、塔塔尔、赫哲、高山、珞巴族；人口最少的是塔塔尔族，只有 3566 人（按 2010 年实地普查区域的人数计算）。[2] 在民族识别和确认的过程中，为尊重少数民族的意愿，体现民族平等的精神，对各族群众提出更改族称或更改族称译写所用汉字的，都本着"名从主人"的原则做了更改，尤其是对那些历史上遗留下来、明显带有侮辱性的称呼进行了正名。如 1953 年改"归化族"为"俄罗斯族"，1963 年 4 月改"佧佤族"为"佤

族"，1965年10月改"僮族"为"壮族"，1985年9月改"崩龙族"为"德昂族"，1986年6月改"毛难族"为"毛南族"，等等。此外，从1982年起，对几百万群众的民族身份进行了恢复和更改。至此，中国统一的多民族大家庭的民族构成基本弄清，各民族的名称得到科学确定，民族成员的身份得到明确。对此，56个民族的广大人民是接受和满意的。1986年6月，国家民委《关于我国的民族识别工作和更改民族成分的情况报告》指出："我国民族识别的任务在五十年代已基本完成。更改民族成分的问题，现在也已基本解决。今后主要是解决遗留问题。"

## 二、中华民族是中国各民族的集合与统称

中华大地上的各个民族并不是孤立存在和独自发展的，而是一直与其他民族进行着各种形式的交往、交流、交融。各民族之间尤其是中原各族同周边诸族之间，始终在进行着广泛而持续的迁徙、贸易、婚嫁乃至冲突、碰撞和战争，而且交往交流范围不断扩大，融合程度不断加深，在这个过程中，各民族一方面在不断同化、分化，另一方面又不断取长补短、趋同存异，使民族布局和民族结构发生深刻变动，最终在更大范围、更高层次上形成一个新的民族——中华民族。

——**在中国历史上，曾经先后有过三次民族大融合**。这三次民族融合不仅规模较大，而且影响深远。第一次是在春秋战国时期。这个时期，华夏族的活动范围尚限于黄河中下游，在北方有北狄、

猃狁，在甘肃、陕西有氐羌，在四川有巴族和蜀族，在湖南、湖北、安徽有楚族，在江苏、浙江有吴、越族。所以该时期的民族融合，南方各族是以楚国为中心，东方各族是以齐国为中心，北方各族是以晋国为中心，西方各族是以秦国为中心来进行的。到了秦汉时期，民族关系的主流是中原汉族王朝与匈奴的关系，相对来说两大民族的融合比较少。第二次是在两晋南北朝和唐代。从西晋末期的所谓"五胡乱华"开始，许多强悍的北方民族大量向南迁移，进入黄河流域地区，与当地汉族人民形成杂居共处状态。匈奴、鲜卑、羯、氐、羌等少数民族的统治者还在中原地区建立了前赵、后赵、前燕、前秦、后秦、北魏、北齐、北周等十多个国家政权，前后统治了 300 多年。然而，这些游牧民族一旦进入中原地区，便很快无声无息地消融在中原农耕民族及其文化之中。自南北朝之后，中原地区就再也没有看到匈奴、鲜卑、羯、屠各、卢水胡等族的活动了，它们基本上与汉族和其他民族实现了同化。隋唐时期，边疆少数民族主要有突厥、回、吐蕃、靺鞨和契丹等，这些民族与汉族通过各种形式的交往进行着融合。而古汉族在这一时期也发生了很大变化，经过西晋末年的"永嘉之乱"、唐代中期的"安史之乱"以及北宋后期的"靖康之乱"，汉族分布重心开始逐步南移，在江南地区与古越族等少数民族融合后，最终演化为现代汉族。第三次是从五代十国到明朝初期。宋朝开国后，与北方的辽、金、西夏长期对峙，契丹、女真、西夏等民族与汉民族之间的冲突和战争连绵不断，但交往和融合也在同步展开和深化。到了元朝初年，契丹、女真、西夏等民族进入中原后，均相继丧失了自己的民族特点，被汉族完全同化了。所以元朝把辽、金、西夏的人民统称为"汉人"，而把南宋的人民称为"南人"。而元朝败亡以后，相当一部分蒙古、色目民族的民众留在中原并改为汉姓，其生活已与汉族人无异。至此，中国历史上较大规模的民族变动和民族融合，才基本上稳定了下来。在这个过程中，既有少数民族融入汉族的情况，也有汉族融入少数民族的情况。事实上，少数民族中的汉人成分，未必低于汉人中的少数民族成分。如目前西藏拉萨附近以种菜为主的藏族农民中，很多就是清代驻藏官兵的后裔。

——**各民族在交往交流交融中呈现出许多共同的民族特征。**民族融合不仅带来了民族的同化和分化，引起民族数量的增加或减少，而且保留下来的民族个性和特点逐渐淡褪，民族间的差异、对立、界限日益弱化，而共同性特征则明显增强。这就使得各民族逐渐形成了一个新的更大的民族，即中华民族。过去有人认为，中华民族并不构成一个独立民族，因为其所属的各民族语言文字、宗教信仰、风俗习惯各不相同。这种看法是不全面、不正确的。虽然中国各民族的族源、语文、宗教、习俗不同，具有各自不同的特点，但它们长期处在一个统一的国家之中，经济联系密切、政治归属明确、文化认

布达拉宫内的文成公主塑像

同强烈、血统关联度高，显示出多方面的共同特征，从总体上具备了成为一个统一民族的全部条件。中华民族是一种更高层次的民族构成，它并不排斥各民族的差异性，而是将其包容在一个更大的族群中。尽管这是一个十分漫长的自然历史过程，但其走向和本质却是客观的、清晰的。

中华民族对内由 56 个不同民族构成，对外则以一个统一民族的面貌呈现，从而形成了一种被费孝通先生概括为"多元一体"的基本格局。在这一格局中，多元和一体是辩证的统一：一体包含着多元，多元组成了一体；一体离不开多元，多元也离不开一体；一体是主线和方向，多元是要素和动力；多元使一体绚丽而丰富，一体使多元团结而巩固。由这种多元一体的格局所决定，中华民族和各民族的关系是一个大家庭和家庭成员的关系。各民族共处于一个大族群之中，共有一个名称，即中华民族；共有一个祖国，即中国。中华民族和中国是各民族的安身立命之处、祖先父母之邦。因此，每个民族的人民都应当牢固树立起自己是中华民族一员的意识，不仅要知道自己属于哪个民族，而且首先要知道自己属于中华民族；不仅要热爱自己的民族，而且要热爱中华民族。

**——近代中华民族整体意识的产生和统一称谓的出现，标志着中华民族从自在到自觉的重大转变。**中华民族作为一个民族实体，是从先秦时就客观存在的事实，但各民族普遍、自觉地认同中华民族，则是到了 20 世纪初叶才出现的现象。1901 年，梁启超发表《中国史叙述》一文，首次提出了"中国民族"的概念，次年又提出了"中

华民族"的概念。他在
《论中国学术思想变迁之
大趋势》一文中，第一
次正式使用了"中华民
族"一词。1905 年，梁
启超发表《历史上中国
民主之观察》一文，在
这篇文章里，使用"中华
民族"达 7 次以上，并

梁启超 54 岁时留影

将其定义为"今之中华民族，即普遍俗称所谓汉族者"，是"我中
国主族，即所谓炎黄遗族"。可见，这里所说的中华民族，实际上
仍是指汉族，但突出强调"中华民族自始本非一族，实由多民族混
合而成"。此后，杨度、章太炎等知名学者也相继多次使用"中华
民族"，并将其含义同样认定为汉族。再往后，"中华民族"的内涵
才逐步扩展为包含中国境内的所有民族，即由"小民族"扩展到"大
民族"。比如，杨度于 1907 年发表了《金铁主义说》一文，对中华
民族的含义进行了详尽解说，认为它既是一个种族融合体，更是
一个文化共同体。1913 年年初，在归绥召开的西蒙古王公会议上，
内蒙古西部 22 部 34 旗王公，一致通过了赞成五族共和、反对蒙古
独立的决议，并通电声明："蒙古疆域与中国腹地唇齿相依，数百
年来，汉蒙久为一家。我蒙同系中华民族，自当一体出力，维持民
国。"少数民族的代表人物以共同决议的形式，宣告自己的民族属
于中华民族一员，并将其明确写入政治文件，这在中国历史上尚属

首次。当时的中华民国总统袁世凯致书回复："外蒙同为中华民族，数百年来，俨如一家。现在时局阽危，边事日棘，万无可分之理。"这里袁世凯是以国家元首的身份，在中华民族涵盖中国境内蒙古族等少数民族的意义上，于国家公文中正式使用了"中华民族"一词。孙中山先生对"中华民族"的理解把握，也经历了一个充实完善的过程。他最早提出"恢复中华""振兴中华"等口号时，中华主要是指以汉族为主体的国家；1912 年，中华民国南京临时政府建立后，开始以"五族共和""中国多民族"作为共和制度上的执政理念。1923 年，在孙中山的直接指导下，各民族统一体意义上的"中华民族"被正式写入《中国国民党宣言》，强调要"团结国内各民族，完成一大中华民族"。从此，"中华民族"一词不再专指汉族，而是泛指中国境内所有民族，成为历史中国和现实中国里一切民族的总称，以及各民族一体对外时的统一自称。"中华民族"这个名称的问世，及其内涵的逐步拓展和最终确定，是历史长期发展的产物，与中国当时的国情密切相连，反映了中国境内各民族的普遍觉醒和整体上的民族认同，标志着中华民族经历长期的"自在发展"，开始进入"自觉发展"的阶段。抗日战争时期，随着全民族抗战的爆发，《义勇军进行曲》迅速地响彻中华大地，歌词鲜明地指出"中华民族到了最危险的时候"，激励着无数中华儿女前赴后继地抗击侵略者。《义勇军进行曲》也由此成为各民族对"中华民族"这一民族总称普遍、自觉的确认和对中华民族由衷、理性的归属，反映了中华民族由"自在"向"自觉"质的飞跃，具有划时代的历史意义。

——**中华民族多元一体是先人们留下的丰厚遗产，是我国的**

**一大特色，也是我国发展的巨大优势**。在人类历史上，曾经有过数万个不同的民族，但生存至今的只有 2500 多个，分布在全世界 200 多个国家和地区。其中人口超过 10 万的有 300 多个。在世界上现存的民族中，中华民族之所以生生不息、累世不竭，具有强大的生命力，中华民族所创造的文明之所以灿烂辉煌、丰富多彩，在世界民族之林中独树一帜，与中华民族多元一体的特点和优点是密不可分的。中华民族"多元一体"的特点和优点，在新中国得到了充分彰显。70 多年来，中华民族的体量稳步增大。从 1949 年全国总人口 5.4 亿人，发展到今天的 14 亿人。其中，各少数民族的人口数量不断增长，在"一体"中的地位更加巩固。1949 年少数民族人口为 3290 万人，1990 年第四次人口普查时已发展到 9320 万人，41 年间增长 1.77 倍，年均递增率为 25%，较全国同期年均递增率高出 7 个百分点。2010 年进行的第六次全国人口普查数据显示，汉族人口占全国总人口的 91.51%，比 2000 年人口普查下降 0.08 个百分点；少数民族人口占 8.49%，比 2000 年人口普查上升 0.08 个百分点。70 多年来，中华民族在世界上的地位和影响力也在日益增强。中国各民族以其强大的凝聚力向心力、以精神上文化上的高度团结统一、以勤劳善良勇敢的优秀品质，赢得了世界各国人民的普遍尊重和赞誉。

### 三、中华民族是不可分割的共同体

中华民族作为拥有 56 个民族的大家庭，是一个涵盖血统、地域、经济、政治、文化等多个领域的共同体。树立正确的民族观，就要深入了解这个共同体的形成缘由，准确把握共同体内各民族之间的相互关系，从思想深处铸牢中华民族共同体意识。

**——各民族在发展过程中形成和展现出一系列共同点**。中华民族是由多个民族组成的。每个民族都有自己的鲜明特征。在几千年的发展中，各民族在保持其特征的基础上，逐渐形成了若干带有本质意义的共同点。这些共同点，分别体现在血脉、地域、经济、政治、文化等各个方面。正是由于有了这些共同点，才使众多民族交织融合成为一个不可分割的共同体。

各民族在血统上相互混合，具有共同的血脉。考察历史可以清楚地看出，在不同时期，绝大多数民族都与其他民族有过不同程度的通婚。没有哪一个民族始终停留在形成时的最初状态，保持着一成不变的清一色血统。汉族及其前身华夏族是如此，其他民族也是如此。早期的华夏族四周存在着许多其他族群，即所谓的"东夷、南蛮、西戎、北狄"，华夏族与它们交往密切、互动频繁。这时的华夏族即已非单一血统的民族，而是诸多民族的混合体。毛泽东指出："汉族人口多，也是长时期内许多民族混血形成的。"[3] 当时华夏族的许多领袖人物，都来自其他民族。古籍中讲："舜东夷之人也，文王西夷之人也。"同样，其他民族在与华夏族的交往交流交融中，也不同程度地改变了自己的血统。

各民族在地域上相互交错，具有共同的家乡。在几千年的历史发展过程中，各民族共同开发了祖国的锦绣河山和广袤疆域，并通过迁徙周转，最终形成了"你中有我、我中有你"的格局，以及"大杂居、小聚居"的分布特点。各民族在居住地域上相互交错，总体上是一种杂居状态。某个民族通常相对集中地聚居在一起，但这种聚居无论是范围还是规模都是有限的。汉族作为人口最多的民族，遍布于全国各地；少数民族主要居住在边疆地区，但在内地县级以上行政区都有分布。近年来，我国进入了各民族跨区域大流动的活跃期，少数民族人口开始大规模向东部和内地城市流动，在全国两亿多流动人口中，少数民族已占到十分之一。与此同时，内地人口也在向民族地区及不同民族之间进行着大规模的流动。针对这种情况，借鉴历史经验，必须继续保持各民族相互杂居的特点，并积极推动建立"相互嵌入式"的社会结构和社区环境。

各民族在经济上相互联系，具有共同的市场。中华各民族、各地区之间的经济联系历来十分密切。在夏、商、周时期，全国范围已有较大规模的商品交换活动和物质流动。唐宋以后，中原和各地区经济上的互补性更加突出，南方的稻米、棉花、丝绸、茶叶和北方的畜产品、麦豆互通有无，形成了庞大的需求和市场。在这种频繁的经贸互市中，各民族之间进行着持续的商品交换和物质流通，建立起了稳定而紧密的经济纽带。

各民族在政治上相互依存，具有共同的国家。秦汉以后，许多民族长期生活在一个统一的国家中，拥有共同的祖国和社会生活，在政治上接受中央政府的管辖和治理。无论哪个民族入主中原、执掌全国政权，各民族都处于同一政治格局和政治统治之内，都在中国这个国家实体和政治框架中生活和互动。各民族同一的国

唐长安城"回鹘王子葛啜墓志"的拓片，这是我国首次发现唐代汉文鲁尼文双语石刻墓志

家归属、密切的政治依存关系，决定了它们的政治地位，也决定了其共同认可和接受的统一的社会秩序。

各民族在文化上相互汲取，具有共同的文明。在长期交往交流交融的过程中，汉族汲取了其他民族的生产方式、生活习惯和文化精髓，同样，各少数民族也汲取了汉族文化的优点和长处。最终形成了为各民族所公认的中华文化。一部中华民族史，实际上就是各民族共同书写和创造的文化史、文明史。

各民族在利益上紧密相关，具有共同的前途命运。各民族在血缘、地域、经济、政治、文化等方面的共同点，归根到底体现在切身利益和前途命运的一致性上。早在遥远的古代，不少民族就有了"一荣俱荣""一损俱损"的强烈意识。特别是近代以来，外国侵略者的暴行、亡国灭种的危机、血与火的共同抗争，使各族人民更加深刻地认识到，中华各民族休戚相关、荣辱与共、风雨同舟、生死相依。只有把本民族的命运同中华民族的命运紧紧连接在一起，才有可能生存和发展，才有前途和希望。任何疏远和脱离祖国和民族大家庭的行为，都会危及本民族的根本利益，甚至会带来严重后果。

民族抗日武装——回民支队战士在练习刺杀

——**各民族是"相互平等"和"相互离不开"的关系**。作为中华民族共同体中地位相同的一员，各民族之间的关系必然是相互平等的关系。在旧中国，民族平等只是一种抽象的理想，并不可能现实存在，即使在某些条件下有民族均势、民族对等、民族协作，但都不是真正意义上的民族平等。因此，在各民族的相互关系包括汉族与少数民族的关系中，不平等甚至歧视、压迫乃是常见现象。只有当新中国成立后，民族平等才第一次成为现实。各民族无论人口数量、居住区域处于何种优势地位，与其他民族之间在法律上都是完全平等的，并没有高低优劣之分。每个民族都要平等友好地对待其他民族，以实际行动巩固和发展中华民族的大团结。与此同时，在中华民族这个共同体中，各民族唇齿相依、水乳交融，形成了"相互离不开"的密切关系：汉族离不开少数民族，少数民族也离不开汉族，少数民族之间相互也离不开。这"三个离不开"，是中华民族共同体的必然要求，也是各民族处理相互关系的基本准则。按照"三个离不开"原则，各民族理所应当像石榴籽一样紧紧抱在一起，形成兄弟姐妹般的深厚情谊。

大汉族主义、狭隘民族主义与中华民族共同体要求、与"民族平等"和"相互离不开"的原则相背离，必须坚决反对和去除。从新中国成立之初的《共同纲领》到现行《宪法》，都对反对"两个主义"问题作出明确规定。大量事实表明，大汉族主义要不得，狭隘民族主义也要不得，两者都会对民族感情和民族团结造成伤害。大汉族主义错误如果发展下去容易产生民族歧视，狭隘民族主义错误如果发展下去则容易滋生离心倾向，最终都会导致民族隔阂和对立，严重的还会变成内耗工具，甚至被敌对势力所利用。大量事实证明，凡是搞一族独尊、一族独大的，必然会破坏民族团结，产生严重后果。因此，各族干部群众要牢固树立和不断强化"中华民族一家亲"的思想，始终把维护国家最高利益和民族团结大局放在第一位，自觉超越本民族的单一视角和局部利益，发自内心地尊重其他民族，认可其他民族的特有优长和重要贡献，与其他民族平等相待、友好相处，积极为其他民族的群众学习、工作、生活创造良好社会环境，保障各族群众的合法权益，而决不能相互封闭、相互排斥，更不能搞歧视性做法。

——**各民族应当求同存异、增同减异**。中华民族是一个共同体，并不是说这个共同体内部不存在着任何民族差异。恰恰相反，在中华民族共同体中，"同"和"异"都是客观存在的事实，各个民族之间既有许多"同"，也有不少"异"。这里的关键，是如何理清共同性和差异性的关系，正确把握和处理好这一关系。首先，不能笼统把"同"和"异"放在一个层面上来看待。必须看到，"同"是方向、是前提、是根本，要在坚持"同"的基础上，实现共同性和差异性的辩证统一。其次，要弄清楚哪些方面必须"同"，哪些方面可以"异"。总的来说，就是在政治立场、国家观念、民族大义、文化归属、法律规范、公民守则等方面必须高度相同，不能有偏差和杂音；而在饮食服饰、风俗习惯、文学艺术、建筑样式等方面，则可以有各民族的风格和特色，以使中华民族大家庭中百花齐放、竞展风采。也就是该同则同，可异则异。再次，要客观看待"同增异减"的现象。在各民族广泛交往、全面交流、深度交融的过程中，有些差异性在逐步缩小、共同性在不断增多，这是历史和社会发展的正常情况，并不是"汉化"，更不是"同化"，而是各民族共同走向现代化。总之，只有摆正"同"与"异"的位置，处理好两者关系，中华民族共同体才会建立在坚实基础之上，才能沐风栉雨、固若磐石。

　　**——努力铸牢中华民族共同体意识。**中华民族共同体意识是国家认同、民族交融的情感纽带，是祖国统一、民族团结的思想基石，是中华民族绵延不衰、永续发展的力量源泉。有了中华民族共同体意识这块压舱石，民族团结的航船才能乘风破浪、行稳致远，也才能从根本上铲除民族分裂的精神土壤，清除敌对势力借用民族问题实施干扰破坏的病毒基因。从这一战略高度出发，习近平总书记鲜明地提出了"铸牢中华民族共同体意识"这一重大原创性论断，丰富和发展了马克思主义民族理论，为新时代民族工作确定了主线，也为维护民族团结规定了基础性工作和战略性任务。新时代做好民族工作，巩固民族团结，必须坚持以铸牢中华民族共同体意识为主线，深入开展教育引导，使这一意识深入人心、形成共识。

增强"五个认同"是铸牢中华民族共同体意识的根本目标。铸牢中华民族共同体意识，目的在于增强各族群众对伟大祖国的认同、对中华民族的认同、对中华文化的认同、对中国共产党的认同、对中国特色社会主义道路的认同。换句话说，就是要通过深入细致的思想教育，使每个中华儿女对自己的民族及其所在祖国、对民族文化、对民族和祖国的政治领导者、对国家的发展道路，产生发自内心的热爱和认同。历史和实践都证明：只有伟大祖国才能让各族人民身有所归、心有所依；只有中华民族才能使 56 个民族形成一个团结和谐的大家庭；只有中华文化才能构筑起各民族共有的精神家园；只有中国共产党才能团结带领各族人民走上康庄大道、过上幸福生活；只有中国特色社会主义才能凝聚各民族、发展各民族、繁荣各民族。对中国、中华民族、中华文化、中国共产党、中国特色社会主义道路的全面认同，必将使各族群众的国家和民族认同情感纽带更加牢固，民族团结的思想基石更加坚实，也必将推动中华民族在实现民族复兴的历史进程中，走向包容性更强、凝聚力更大的命运共同体。

加强中华民族共同体的理论研究和宣传教育。一方面，要进一步加强中华民族共同体历史、中华民族多元一体格局的研究，深入挖掘、系统整理和有效运用自古以来中华各民族交往交流交融的历史事实、考古实物、文化遗存，对中华民族共同体作出生动鲜活的阐释，形成有说服力和感召力的科学结论。要充分发挥铸牢中华民族共同体意识研究基地作用，逐步形成完整的史料体系、话语体系、理论体系。要在民族地区建设一批具有中华文化特征和中华民族视觉形象的工程和项目，把中华民族共同体意识具象化、生动化。另一方面，要进一步加强中华民族共同体相关内容的宣传教育。把中华民族共同体意识教育、民族地区与祖国关系史教育全面纳入国民教育、干部教育、青少年教育、社会教育之中，教育引导各族干部群众树立起正确的国家观、历史观、民族观、文化观、宗教观，使中华民族共同体意识牢牢根植每个中华儿女的心灵深处。要针对党员、干部、群众、青少年学生等不同群体，编写符合新时代要求的教材和通俗读本，推动中华民族共同体意识进入教材、进入课堂、进入头脑。需要强调的是，铸牢中华民族共同体意识，是各民族的共同责任和重要任务。少数民族群众要树立和强化中华民族共同体意识，汉族群众也要树立和强化这个意识；铸牢中华民族共同体意识的各项工作，民族地区要做，全国各地都要做。铸牢中华民族共同体意识不仅要靠思想教育，还要靠法制规范。要进一步健全有利于铸牢中华民族共同体意识的各项法规，保障相关工作顺利进行；对不利于铸牢中华民族共同体意识、妨碍各民族交往交流交融的政策法规，则要逐步调整完善。只有这样，中华民族共同体意识才能成为全民族、全社会的共识，成为加强民族团结的强大精神支柱。

## 四、中华民族在中国共产党领导下的伟大飞跃

中华民族作为世界上伟大的民族，历来具有勤劳勇敢、自强不息的优秀品质，在世界民族之林中一直占有重要的一席之地。毛泽东曾对中华民族的品质作过深刻阐述，指出："中华民族不但以刻苦耐劳著称于世，同时又是酷爱自由、富于革命传统的民族。"[4]强调"我们中华民族有同自己的敌人血战到底的气概，有在自力更生的基础上光复旧物的决心，有自立于世界民族之林的能力"[5]。1840年鸦片战争后，中华民族陷入被压迫、被奴役的境地，面临着亡国灭种的严重危险。在民族生死存亡、人民生灵涂炭的危急关头，中国共产党勇敢担负起为中华民族谋复兴、为中国人民谋幸福的历史使命，团结带领全国各族人民英勇奋斗，使久经磨难的中华民族凤凰涅槃，浴火重生，实现和迎来了从站起来、富起来到强起来的伟大飞跃。

**——中华民族从"东亚病夫"到"站起来"的伟大飞跃**。近代是中华民族遭受空前屈辱的年代。中国被西方列强视为昏沉不醒、身心衰弱不堪的"睡狮"，中华民族和中国人民被看作伏地倒卧、可以任人欺凌的"东亚病夫"。当时外国租界公园门口所写的"华人与狗，不得入内"，就是这种状况的真实反映。从1840年起，中华民族就为改变这种悲惨命运而进行艰苦卓绝的斗争，中国共产党

成立之后，这种斗争就有了新的领导力量，也有了新的光明前景。在中国共产党的坚强领导下，经过浴血奋战，在付出重大民族牺牲之后，终于推翻了"三座大山"，赢得了中华民族的独立和人民的解放。1949 年，毛泽东向全世界庄严宣告："中国人从此站起来了！"这是一个古老民族发出的时代最强音，是中华民族和中国人民用鲜血和生命换来的民族尊严，标志着近代以来中华民族遭受的耻辱得到了彻底洗刷，中华民族在世界上的地位重新得到确立。新中国成立之后，对外立即着手废除列强与旧中国签订的各种不平等条约，取消帝国主义在中国的特权，肃清帝国主义在中国的势力和影响。包括收回对中国主权影响最大的海关管理权、驻军权、内河航行权，采取区别对待的方针处理外国在华企业和资产，清除帝国主义在中国的经济残余，停止外国人在中国继续兴办报纸杂志和广播，停止与中国无外交关系的外国通讯社和记者的活动，等等。对内则一方面进行土地改革，废除封建土地制度；另一方面进行社会改革，荡涤旧社会留下的污泥浊水。从 1950 年到 1952 年，全国除一部分少数民族地区和台湾省外，基本完成了土地改革，3 亿多无地或少地的农民分到了土地和农具，实现了"耕者有其田"，约占农业人口 60% 到 70% 的农民从封建土地关系的束缚中彻底解放了出来。为改变旧中国遗留下来的各种丑恶现象，新中国采取了一系列有力措施。1950 年 5 月 1 日，中央人民政府颁布了新中国成立后的第一部法律《中华人民共和国婚姻法》，彻底废除了以夫权为中心、压迫妇女并剥夺男女婚姻自由的落后封建婚姻制度，极大提高了妇女的社会地位。人民政府把取缔娼妓制度作为改造社会的一

解放后，内蒙古农业区完成了土地改革，蒙汉人民组织起来，各取所长，发展农、牧业生产

项重要内容，从北京市开始，在很短时间内取缔了各地城镇的全部妓院。1950 年 2 月，政务院发出《关于严禁鸦片烟毒的通令》，要求各级政府设立禁烟禁毒委员会，制定限期禁绝办法。1952 年 4 月，中共中央又专门发布了《关于肃清毒品流行的指示》。到 1952 年年底，为害一个多世纪的烟毒在中国大陆基本被禁绝。与此同时，人民政府还开展了严禁赌博活动的斗争，坚决取缔各种赌博场所，严惩赌头、窝主和屡教不改的赌徒，使盛行多年的赌博习气很快被扫除。经过 3 年左右的努力，曾在旧社会屡禁不绝、愈演愈烈的娼、赌、毒等社会顽疾被一扫而空，社会环境大大得到净化，并由此建立起新的社会道德规范和社会风尚，人民群众的精神面貌焕

然一新，发生了翻天覆地的深刻变化。新中国成立初期，各阶层人民当家作主、扬眉吐气，全社会意气风发、昂扬向上，整个民族生机勃勃、锐意进取，这种前所未有的精神状态，令全世界为之瞩目和惊叹，也让许多人至今记忆犹新，难以忘怀。站起来的中国人民赢得了世界爱好和平人民的由衷尊敬，获得新生的中华民族赢得了应有的崇高声誉。

　　**——中华民族从"站起来"到"富起来"的伟大飞跃。**新中国成立伊始，由于帝国主义和封建主义的长期剥削压榨，国家处于"一穷二白"的状态，社会生产力水平十分低下，各族群众的生活极端困苦。不仅经济、社会、文化发展水平落后，基础设施建设很差，几乎没有现代工业、现代教育和现代医疗，而且全国人口中文盲半文盲占了绝大多数，鼠疫、天花、疟疾等各种传染性疾病流行，人民的平均寿命只有 35 岁 **❻**。尤其是一些民族地区还处在刀耕火种的原始状态，少数民族群众主要从事传统的农牧业生产，部分地区铁器尚未得到普遍使用。处在山区和沙漠盐碱地区的少数民族，几乎每年都有几个月断粮。许多民族的发展受到严重阻碍，有的民族甚至濒临灭绝。但自强不息的中华民族，从来没有放弃对美好梦想的向往和追求，从来没有在艰难困苦面前退缩不前。在中国共产党的带领下，全国各族人民自力更生，奋发图强，有效地改变了中国贫穷落后的状况。虽然后来"文化大革命"十年内乱导致国家经济濒临崩溃的边缘，人民温饱再度成了问题，但党的十一届三中全会作出实行改革开放的历史性决策后，中国和中华民族开始走上共同富裕的康庄大道，新中国的面貌、中华民族的面貌特别是少数民族的面貌、民族地区的面貌发生了历史性巨变。集中表现在：
一是经济实力和综合国力大幅跃升。新中国成立之初，全国的经
济总量只有 600 多亿元，2018 年达到 90 万亿元，2020 年突破 100
万亿元。特别是改革开放 40 年间，国内生产总值年均实际增长
9.5%，远高于同期世界经济 2.9% 左右的年均增速，货物进出口总
额从 206 亿美元增长到超过 4 万亿美元，累计使用外商直接投资超
过 2 万亿美元，对外投资总额达到 1.9 万亿美元。主要农产品产量
跃居世界前列，建立起全世界最完整的现代工业体系，科技创新和
重大工程捷报频传，基础设施建设成就显著。二是人民生活水平极
大改善。从贫困到温饱再到小康，中国人民的生活实现了历史性跨
越。新中国成立时，我国人均国内生产总值只有 119 元，到 2018

四川省凉山彝族自治州贫困户安全住房保障率达 100%

年增加到 64644 元。改革开放以来，全国居民人均可支配收入由
171 元增加到 2.6 万元，中等收入群体持续扩大。5575 万农村贫困
人口实现脱贫，全国贫困人口累计减少 7.4 亿人，贫困发生率下降
94.4 个百分点。2020 年 11 月，我国 832 个贫困县全部脱贫摘帽，
创造了人类反贫困史上的奇迹。人民群众彻底告别了商品短缺，粮
票、布票、肉票、副食本、工业券等票证都进入了历史博物馆，忍
饥挨饿、缺吃少穿、生活困顿这些几千年来困扰中国人民的问题已
经不复存在。教育事业全面发展，九年义务教育巩固率达 93.8%，
高等教育进入普及化阶段。建成了包括养老、医疗、低保、住房
在内的世界上规模最大的社会保障体系，基本医疗保险覆盖超过
13 亿人，基本养老保险覆盖近 10 亿人。常住人口城镇化率超过
60%，上升 40 多个百分点。人均预期寿命已提高到 2018 年的 77
岁，提前完成联合国千年发展目标确定的指标，居民健康水平总体
上优于高收入国家平均水平。我国社会大局保持长期稳定，成为世
界上最有安全感的国家之一。尤其是民族地区得到了加速发展，大
踏步地赶上了时代和其他地区，少数民族群众与全国人民一道，分
享着改革开放和现代化建设带来的发展成果。三是社会文明程度显
著提高。新中国成立后，我国实现了从几千年的封建专制向社会主
义民主政治的跨越，党的领导、人民当家作主、依法治国有机统一
的制度建设全面加强，中国特色社会主义法治体系日益完善，民族
团结进步事业取得重大成就。马克思主义指导地位更加巩固，社会
主义核心价值观和中华优秀传统文化得到大力弘扬，爱国主义、集
体主义、社会主义深入人心，时代楷模、英雄模范不断涌现。文化

艺术日益繁荣，网信事业快速发展，全民族理想信念和文化自信不断增强，国家文化软实力和中华文化影响力大幅提升。全国各族人民的科学文化素质显著提高，文化生活和精神世界日益丰富。以爱国主义为核心的民族精神和以改革开放为核心的时代精神，极大丰富了中华民族的精神内涵，成为当代中国人民最鲜明的精神标识。总之，一个繁荣昌盛的泱泱大国正向世界展现出自身的无比精彩，中华民族在"富起来"的历史征程上迈出了决定性步伐，为进一步"强起来"奠定了全面而坚实的基础。

　　**——中华民族从"富起来"向"强起来"的伟大飞跃**。党的十八大后，中国特色社会主义进入新时代，这意味着中华民族在"站起来""富起来"的基础上，进一步迎来了走向"强起来"的伟大飞跃，

浦东开发 30 周年的成功实践，充分展示了中国特色社会主义的制度优势和旺盛生命力

迎来了实现伟大复兴的光明前景。目前，我国已经当之无愧地成为世界第二大经济体、工业第一大国、制造业第一大国、货物贸易第一大国、商品消费第二大国、外资流入第二大国，外汇储备连续多年位居世界第一。所有这些，都使中华民族站到了一个新的历史起点上，拉开了由大向强、走向复兴的序幕。全国各族人民同心共筑中国梦，朝着建设富强民主文明和谐美丽的社会主义现代化强国的宏伟目标团结奋进。可以预计，掌握着自己命运的中国人民必将会焕发出前所未有的积极性、主动性、创造性，在改革开放和现代化建设中展现出气吞山河的强大力量；经历过无数艰难险阻的中华民族必将会一步步走向辉煌的未来，更加坚强有力地自立于世界民族之林。

## 五、走中国特色解决民族问题的道路

在人类发展过程中，民族问题的存在是一个客观、长期的历史社会现象。只要有民族存在，就会有民族问题，就要面对和处理。任何时代、任何国家都不例外。当今世界，无论是大国还是小国，也无论是发达国家还是发展中国家，绝大多数都是多民族国家，都面临着如何处理民族关系、解决民族间矛盾的任务。对于我们这样一个统一的多民族国家和社会主义大国来说，正确处理民族问题，是关系祖国统一和边疆巩固的大事，是关系民族团结和社会稳定的大事，也是关系国家长治久安和中华民族繁荣昌盛的大事，决不能有丝毫的忽视、轻视和短视。

——**我国民族问题具有普遍性、长期性、复杂性和国际性。**一方面，我国的民族问题的情况总体上比较复杂。另一方面，我国的民族问题往往与各种国际因素联系在一起。一些民族属于跨国界民族。56 个民族中，有 30 多个民族与国外同一民族跨境而居，边民们来往密切，相互影响。云南省德宏州银井村，国界线穿村甚至穿户而过。一些民族的宗教信仰是国际性宗教，信教群众受境外宗教势力影响较大，有的还经常到国外参加朝觐等宗教活动。因此，处理民族问题时必须思想高度重视、思路非常清晰、政策精准科学、措施及时有力，既不能简单机械地套用马克思主义民族理论，也不能照抄照搬外国的经验和做法。

见证"彝海结盟"的"中国夷民红军沽鸡支队"队旗

那种不关心、不重视民族工作，甚至把多民族当作"包袱"，把民族问题当作"麻烦"，把少数民族当作"外人"的认识和行为，那种企图通过忽略民族存在、淡化民族工作、取消民族身份来一劳永逸解决民族问题的想法和做法，在理论上是错误的，在政治上是有害的，在实践上也是行不通的。

纵观历史，我国历代中央政权为巩固自身统治，都比较关注和致力于解决民族问题。汉代设立了大鸿胪，清代设立了理藩院，专门处理民族事务，并在长期实践中，探索形成了许多具有特色的治理理念、方略和做法。总的来看，就是既强调天下一统、五方之民共天下、四海之内皆兄弟，又强调因俗而治，"修其教不易其俗，齐其政不易其宜"。这种在维护大一统基础上承认和重视民族差别的理念，在一定程度上缓解了当时当地的民族矛盾，对中华民族的形成和发展起到了积极作用。

我们党从成立之日起，就高度重视民族问题。新中国成立前，党明确提出解决民族问题的一系列方针政策，积极开展了各项民族工作。长征途中，红军对严格执行党的民族政策提出明确要求，在通过彝族地区时郑重宣示："中国工农红军，解放弱小民族；一切夷汉平民，都是兄弟骨肉。"刘伯承同彝族首领小叶丹"彝海结盟"，留下了民族团结的一段佳话。各族人民积极参加中国共产党领导的革命斗争，同仇敌忾，并肩作战，建立了亲密关系。共和国的成立，结束了"人民五亿不团圆"的局面，形成了"万方乐奏有于阗"的盛况。党和政府把民族平等作为新中国立国的根本原则之一，明确提出各民族共同当家作主，反对任何民族压迫和歧视。坚持把马克思主义民族理论同中国民族问题具体实际相结合，创立和发展正确的民族理论和民族政策，走出了一条中国特色解决民族问题的正确道路。概括起来就是：坚持在中国共产党领导下，坚持中国特色社会主义道路这一正确政治方向，坚持维护祖国统一，坚持各民族一律平等，坚持和完善民族区域自治制度，坚持各民族共同团结奋斗、共同繁荣发展，坚持打牢中华民族共同体的思想基础，坚持依法治国，加强各民族交往交流交融，促进和民族和睦相处、和衷共济、和谐发展，巩固和发展平等团结互助和谐的社会主义民族关系，共同实现中华民族的伟大复兴。

事实证明，中国特色解决民族问题的道路是完全正确的。这条道路，不仅与中国历史上各王朝的做法相比有着本质区别和突出优长，而且与当今世界各国相比也独树一帜，在实践中取得了巨大成功，展现出显著优势。从世界范围看，西方解决民族问题，先后走过了殖民主义、种族主义、同化主义、文化多元主义等路子，但无一例外地都失败了。时至今日，种族问题、少数族裔问题、移民问题仍然是西方社会非常敏感的问题，由此而引发的争论、抗议、骚乱和动乱从未停息过，甚至发展到暴力斗争的程度。一些发展中国家的民族问题也难以破解、愈演愈烈，成为影响制约其发展稳定的重要因素。20 世纪 90 年代后，受世界民族主义浪潮冲击，一些国家发生了动乱和分裂，不少民族的民众失去祖国、四处流离。而相比之

2020 年美国各地因黑人弗洛伊德事件引发的抗议示威浪潮

下，中国却把 56 个民族紧密地团结在一起，形成了牢不可破的命运共同体，成为当今世界民族之林中一道亮丽的风景线。

**——努力建立各民族平等团结互助和谐的社会主义民族关系。** 在各民族之间建立起平等、团结的关系，是解决民族问题的治本之策。马克思、恩格斯指出，在以私有制为基础的阶级社会里，不可能有真正的民族平等和民族团结。我国历代统治者所采取的"怀柔羁縻"政策，说到底都是以维护其统治地位为前提的，其阶级和历史局限性显而易见。我国作为典型的多民族国家，处理好民族关系始终是国家政治生活极为重要的内容。新中国和社会主义制度的建立，为实现各民族完全平等和紧密团结创造了根本前提。《中华人民共和国宪法》明确规定："维护和发展各民族的平等团结互助和谐关系"，第一次从法律上确立起具有中国特色的社会主义新型民族关系，使各族人民真正成了国家的主人。这是我国民族关系史上数千年未有之大变局。

社会主义新型民族关系的基本特征是"各民族平等、团结、互助、和谐"。所谓民族平等，就是各民族无论大小，都处在同一社会位置，享有同等法律地位，共同建设各项事业。《中华人民共和国宪法》第四条明确规定："中华人民共和国各民族一律平等""国家保障各少数民族的合法的权利和利益""禁止对任何民族的歧视和压迫"。各民族尤其是人数较多的民族，要设身处地地理解和尊重其他民族尤其是人数较少民族的感情，尊重其风俗习惯，坚决反对和消除任何形式的民族歧视。实际上，在我们这个民族大家庭里，歧视任何一个民族，就是对整个中华民族的歧视。所谓民族团结，就是各民族紧密相连，凝结为一个有机整体。汉族离不开少数民族、少数民族离不开汉族、各少数民族之间也相互离不开。民族团结是各族人民的生命线，也是各族人民最大的福分。作为汇集了56个民族的伟大民族，任何时候都要像爱护眼睛一样爱护民族团结，像珍视生命一样珍视民族团结。所谓民族互助，就是各民族守望相助，风雨同舟。特别是当中华民族遇到重大困难或危亡之际，要以民族大义为重，精诚团结，一致对外。所谓民族和谐，就是各民族和睦相处、和衷共济、和谐发展，情同手足，取长补短，形成一个拳头一颗心。

近年来，随着国内外环境的变化和改革开放的深入发展，我国民族关系出现了一些新情况新问题。主要是涉及民族因素的矛盾纠纷有所增多，民族分裂势力企图破坏民族团结，极个别民族地区发生了一些民族隔阂现象。对这些情况和问题，要有一个正确的判断和看法。客观地讲，尽管发生了一些事情，但我国民族关系的大局是好的，民族团结的基础是稳固的。必须看到这个主流，看到民族关系的基本面和光明面，而不能以偏概全，不能把某个民族自治地方局部出事同这个地方整体捆绑在一起，把某一民族中极少数人闹事同这个民族全体捆绑在一起，把发生在少数民族人员身上的事同党的民族政策捆绑在一起。同时，又要正视新矛盾新挑战，深入研究进一步密切民族关系的新思路新举措，不断维护和发展平等团结互助和谐的社会主义民族关系，从更高层次和更深程度上增进中华民族的大团结。这些年来，西藏自治区政府大力推进民族团结宣传教育，每年9月集中开展民族团结宣传月活动，每年召开一次民族团结进步表彰大会，积极开展民族团结进步创建活动，取得了很好的效果。

——**坚持和完善民族区域自治制度**。民族区域自治制度是我国的一项基本政治制度，也是中国特色解决民族问题的正确道路的重要内容和制度保障。它是中国共产党人的独特创造。新中国成立前后，我们党根据我国实际，经过深入调查研究，认为我国民族情况与苏联不同，不宜实行联邦制。毛泽东说："在苏联的总人口中，俄罗斯族占百分之五十多，少数民族占将近百分之五十，而在中国的总人口中，汉族占百分之九十四，少数民族占百分之六，所以中国不能像苏联那样搞加盟共和国。"**7** 几千年来，我国历代中央政

庆祝西藏自治区筹备委员会成立的群众大会

权经略民族地区，大都是在实现政治统一的前提下，实行有别于内地治理体制，秦汉的属邦属国、唐代的羁縻州府、元明清的土司，都是这样的设计和安排。而新中国所采取的民族区域自治这个办法，从根本上超越了封建王朝的局限性，既保证了国家团结统一，又实现了各民族共同当家作主。1949 年 9 月，中国人民政治协商会议通过的《共同纲领》专章阐述了新中国的民族政策，明确把民族区域自治确定为一项基本国策。1954 年召开的第一届全国人民代表大会，把民族区域自治制度载入《中华人民共和国宪法》，并专设"民族自治地方的自治机关"一节，对有关重要问题进行规范。此后历次宪法修改，都重申坚持实行这一制度。1984 年 10 月颁布施行的《中华人民共和国民族区域自治法》明确规定，"民族区域自治制度是国家的一项基本政治制度"。国务院相继出台了实施该法的若干具体规定，使民族区域自治制度有了完备的法律保障。几十年的实践证明，民族区域自治制度符合我国国情，在维护国家统一、领土完整，在加强民族平等团结、促进民族地区发展和少数民族进步、增强中华民族凝聚力等方面都起到了巨大作用。正如邓小平所指出的，"解决民族问题，中国采取的不是民族共和国联邦的制度，而是民族区域自治的制度。我们认为这个制度比较好，适合中国的情况。我们有很多优越的东西，这是我们社会制度的优势，不能放弃" **8**。

在中国，民族区域自治是指在国家的统一领导下，各少数民族聚居地方实行区域自治，设立自治机关，行使自治权。早在1947 年，中国共产党就在已解放的蒙古族地区建立了中国第一个省级少数民族自治地方——内蒙古自治区。新中国成立后，中央政府开始在少数民族聚居的地方全面推行民族区域自治。1952年发布的《中华人民共和国民族区域自治实施纲要》，对民族自治地方的建立、自治机关的组成和自治权利等重要问题作出明确规定。1955年10月，新疆维吾尔自治区成立；1958年3月，广西壮族自治区成立；1958年10月，宁夏回族自治区成立；1965年9月，西藏自治区成立。截止到2000年，中国共建立了155个民族自治地方，包括5个自治区、30个自治州、120个自治县（旗）。在55个少数民族中，有44个建立了自治地方实行区域自治的少数民族人口占少数民族总人口的71%，民族自治地方的面积占全国国土总面积的64%左右。一些少数民族由于聚居地域较小、人口较少并且分散、不宜建立自治地方，《宪法》规定通过设立民族乡的办法，使这些少数民族也能行使当家作主、管理本民族内部事务的权利。1993年又专门公布《民族乡行政工作条例》，以保障民族乡制度的实施。目前，全国共有1173个民族乡。11个因人口较少且聚居区域较小而没有实行区域自治的少数民族中，有9个建有民族乡。

坚持和完善民族区域自治制度，最重要的是要做到"两个结合"：一是统一和自治相结合。团结统一是国家最高利益，是各族人民共同利益，是实行民族区域自治的前提和基础。没有国家的团结统一，就谈不上什么民族区域自治。民族区域自治并不是某个民族独享的自治，民族自治地方也不是某个民族独有的地方。在我国，所有民族区域自治地方都是中国共产党领导下的地方，都是中华人民共和国的地方，都是全国各族人民共同拥有的地方。一个自治地方以某个民族冠名，说到底，是要这个民族担负起维护国家统一、民族团结的更大责任，而不是把这个民族与当地的其他民族分离开来、对立起来，更不是由这个民族独自尊大、自己说了算。同时，要在确保国家法律和政令顺利实施的基础上，依法保障自治地方行使自治权，给予自治地方特殊支持，解决好自治地方的特殊问题。二是民族因素和区域因素相结合。民族区域自治，既包含了民族因素，又包含了区域因素。从实际情况看，民族地区的大多数问题是地区性的共性问题，如生态保护问题、扶贫开发问题、边疆建设问题、教育问题、基础设施建设问题等，这些都不是某个民族的单独问题，都需要通过制定区域性政策和调动区域内所有民族的积极性创造性来解决。

——**积极促进各民族交往交流交融**。各民族交往交流交融，是社会发展的必然趋势，也是我国社会主义民族关系的发展方向。在中华民族形成和发展的历史进程中，各民族之间事实上一直在进行着各种层次的交往交流交融。战国时期，赵武灵王推行军事改革，改穿西北游牧民族的服饰，学习骑马射箭，史称"胡服骑射"。北魏时期，魏孝文帝积极推进民族融合，推行汉化运动，力排众议迁都，禁止胡语胡服，改鲜卑姓为汉姓，禁止同族通婚，制定礼乐刑法，使原本落后的鲜卑民族很快与汉民族融为一体。新中国成立后，十万大军和八千湘女进新疆，三千孤儿入内蒙古，与当地各族群众打成一片，更是谱写了民族交往交流交融的新篇章。改革开放后，随着经济社会的发展和信息化的加快，以及全国统一市场的形成、地区封闭的被打破，各民族之间的联系比以往任何时候都更加

苏绣大师姚惠芬牵手新疆库车刺绣姐妹

紧密，民族交往交流交融进入了新阶段。

　　新时代促进各民族交往交流交融，必须正确处理差异性和共同性的关系。总的原则是尊重差异、包容多样，着眼共性，积极引导。既不能无视民族的共同属性，放弃主动引导，任其自行发展；也不能忽视民族之间的客观差异，用行政手段强行推进。在社会主义初级阶段，各民族的共同因素不断增多，同时民族特点、民族差异也将长期存在。要坚持尊重民族差异而不强化差异，保持民族特性而不强化特性，促进各民族共同迈向更高水平的现代文明。民族交往交流从来都不是单方面的，而是相互之间的取长补短。民族交融也绝不是要取消民族之间固有的差异性，更不是要消灭哪个民族。各民族交往交流交融是一个长期过程，这个过程总体上是自然的、历史的，而不是人为的、主观的，不能有任何急躁和盲动。既要把握历史发展方向，又不能超越历史发展阶段。要探索和遵从客观规律，不断化解矛盾、解决问题，通过逐步扩大和促进各民族之间的广泛交往、全面交流、深度交融，创造出各族群众共居、共学、共事、共乐的社会条件。要加快构建各民族互嵌式社会结构，大力发展城镇互嵌式社区和互嵌式乡村，鼓励各族群众共同生活、交流互动。要积极推进各民族学生混班混宿，促进青少年亲密无间、共同成长。要鼓励支持边疆各族群众到内地就业生活和少数民族大学生到内地、内地大学生到民族地区就业创业，促进更多内地群众到边疆民族地区旅游观光、投资兴业、定居生活。要坚决防止和纠正针对任何民族的歧视性做法，尽量减少同一区域不同民族间公共服务政策差异。通过这些扎扎实实的举措，让56个民族在中华民族大家庭中共处一堂、亲如一家，最终走向一致、融为一体。

——**帮助民族地区加快发展**。地域广阔、地区间差异大、经济和社会发展不平衡，是我国的基本国情。《宪法》第四条明确要求："国家根据各少数民族的特点和需要，帮助各少数民族地区加速经济和文化的发展。"新中国成立以来，党和国家按照这一原则，大力支持和多方扶持民族地区，使民族地区发生了历史性变革。特别是党的十八大以来，民族地区的经济、政治、文化、社会、生态文明等各方面建设都取得了显著进步，是城乡面貌变化最大、各族群众得到实惠最多的时期。但尽管如此，由于民族地区基础薄弱，经济基数小，发展条件差，整体落后的状况仍然没有彻底改变。与东部地区相比，总量差距和发展质量差距还在不断拉大，特别是基础设施落后，市场化程度低，多数产业处于低端，竞争力和自我发展能力不强。少数民族大多定居在农村，不少群众生产生活条件差，实际困难多，贫困面宽。特别是在就业、教育、医疗卫生等方面还存在着诸多特殊困难。在这种情况下，如何立足民族地区特点，加快发展步伐，确保少数民族和民族地区同全国一道实现全面小康和现代化，是必须着力研究解决的重大课题。

解决民族地区存在的问题，弥补与其他地区的差距和薄弱环节，归根到底要靠加快经济社会发展，实现科学发展和跨越式发展。发展是解决民族地区所有问题的总钥匙，离开了发展，一切都将无从谈起。邓小平曾经指出，我们帮助民族地区发展的政策是坚定不移的，我们的政策是着眼于把这些地区发展起来，观察民族地区主要是看那个地区能不能发展起来。我国少数民族人口占全国总人口的 8.5% 左右，对应的人口数量约为 1.1 亿多。全面建成小康社会，关键是帮助少数民族和民族地区发展经济、改善民生，使这部分群众和全国人民一样过上幸福生活。不能设想，只有汉族地区高度发展，而让其他民族地区长期落后下去，这样就与社会主义的本质背道而驰，就不成其为人民当家作主的国家了。如果民族地区与汉族地区的发展差距持续拉大，人民群众的生活水平相差悬殊，必然会造成一部分干部群众心理失衡，乃至民族关系、地区关系失衡。在全面建成小康社会的进程中，少数民族兄弟不能落伍，民族地区也不能掉队，这是最基本的标准和要求。

　　新时代加快民族地区发展，关键是着眼特点、突出重点、科学推进。重点之一是就业和教育。就业是民族地区民生之本和第一要务。由于种种原因，一些民族地区的就业问题，包括大学毕业生和青年就业问题一直比较突出，严重影响到经济发展和社会稳定。因此，必须始终坚持就业第一的原则，努力增强就业能力，拓宽就业渠道，扩大就业容量，使民族地区的群众获得更多的就业机会和经济收入。教育是民族地区发展的基础性工程。搞好各级各类教育，造就更多适应民族地区发展需要的有用之才，发展才会有支撑、有动能、有后劲。这些年来，党和政府不仅在教育经费上坚持向民族地区、边疆地区倾斜，而且对民族地区义务教育学校标准化、寄宿制学校建设、职业教育和技能培训、内地高中班、教师队伍培养等给予了特殊关注和积极推进，取得了明显效果，但差距和薄弱环节仍很明显。"十三五"规划开始时，民族地区义务教育巩固率平均只有85%，远低于全国平均水平，一些民族地区初中辍学率超过30%。一些边远地区学校布点少，寄宿制学校不足。一些民族地区特别是农村孩子上大学还有困难。针对这些情况，首先要下气力把义务教育抓好，保障每个孩子都有接受义务教育的权利；其次要实行免费中等职业教育，让每个青年都学得一技之长，掌握安身立命的本领；再次要办好民族地区高等教育，进一步提高内地高校特别是重点高校在民族地区的录取比例。所有这些举措，都是百年大计，直接关系到民族地区的发展，关系到国家的长治久安。重点之二是资源开发。资源丰富是民族地区的最大优势，也是加快民族地区发展的一张"王牌"。

金华市汤溪高级中学的新疆部主任朱群兰与和田高中班的女生聊天，了解她们的学习生活情况

从现有储量看，民族地区的矿产和能源资源十分丰厚，钾盐占全国的 99%，稀土占 96%，锂占 84%，煤炭占 58%，天然气占 41%，如何把这些优势资源开发好、利用好，对推动民族地区发展至关重要。同时，民族地区的人文资源也很丰富，山川壮丽秀美，文化多姿多彩。我国 10 项世界自然遗产中有 9 项涉及民族地区，37 项世界文化遗产中有 12 项与少数民族历史文化有关。许多民族地区的旅游业不仅是支柱产业，也是带动当地群众致富的重要渠道。近年来，民族歌舞和演艺逐渐在社会上风行，具有民族特色的传统服饰、食品和手工艺品畅销海内外，它们都是值得开发的优势资源，这方面大有文章可做、潜力可挖。重点之三是

广西南丹县八圩瑶族乡吧哈村黎凤雪家搬到移民安置点新房

脱贫致富。民族地区是脱贫攻坚战的主战场。全国 14 个集中连片特困地区，有 11 个在民族地区。全国贫困率平均 8.5％，民族地区平均 17.1％，比全国高上 1 倍。实践证明，只有不断加大投入力度和工作力度，积极创新脱贫思路和机制，才能啃下这块硬骨头，使民族地区彻底斩断穷根、摘掉贫帽。经过党的十八大以来的艰苦努力，截至 2019 年，新疆累计脱贫 292.32 万人、退出 3107 个贫困村、摘帽 22 个贫困县，贫困发生率由 2014 年的 19.4％降至 1.24％，群众"两不愁三保障"的突出问题基本解决，2020 年年底可实现全部脱贫。**9** 西藏贫困县则全部摘帽，广大农牧民群众生活实现了从水桶到水管、从油灯到电灯、从土路到油路的进步，成为与百万农奴翻身解放并列的历史性成就。重点之四是边疆建设。我国的边疆地区多数是民族地区。全长 2.2 万公里的陆地边界线有 1.9 万公里在民族地区，138 个边境县（市、区、旗）中有 109 个在民族地区。只有把边疆建设好了，发展好了，边民才会产生作为中国人、中华民族一员的自豪感，才会自觉扎根边疆、保卫边疆、奉献边疆。近年来，在边疆民族地区开展的"兴边富民"行动，受到了各族群众的欢迎。今后还应持续推进和不断引向深入，扭住基础设施建设和对外开放这两个关键环节，使地处边疆的民族地区成为支撑国家改革发展的新空间，成为伟大祖国的形象代言人。在抓好这些重点工作的过程中，要进一步完善差别化的区域政策，优化转移支付和对口支援机制，对少数民族和民族地区的特殊问题继续保留专项扶持政策，科学规划好"十四五"时期少数民族和民族地区发展蓝图，让各族人民共创美好未来、共享中华民族的光荣和梦想。

加快少数民族地区发展，并不是单纯为发展而发展，更不是单一的经济发展，而是要使经济社会全面发展，特别是要注重发挥经济社会发展对促进民族团结、维护国家统一、保持社会稳定等方面的重要作用。民族地区的所有发展，都要赋予民族团结进步的意义，都要赋予维护统一、反对分裂的意义，都要赋予改善民生、凝聚人心的意义，都要有利于提升各族群众的获得感、幸福感、安全感。这样的发展，才是真正高质量、有价值的发展。

——**依法处理民族事务**。全面依法治国是我国的基本国策，是新时代中国特色社会主义的战略布局之一。只有大力加强法制建设，严格依照法律法规处理民族事务，民族团结才有保障，民族关系才会牢固，民族问题才能得到有效解决。新中国成立以来，国家先后制定颁布了《民族区域自治法》等一系列法律法规，为依法处理民族事务、解决民族问题提供了完备的法律依据。依法处理民族事务，首先要强化各族群众的法律意识。使大家懂得法律面前人人平等，无论是哪个民族的成员，谁也没有超越法律的特权，从而自觉按法律办事，在法律约束下行动。要学会用法治思维和法治方式处理民族事务，用法律法规保障各族人民合法权益。依法处理民族事务，还要严格区分两类不同性质的矛盾和问题。现实生活中，涉及民族因素的矛盾和问题，往往有两种情况：一种属于民族问题，另一种属于法律问题。有些由于当事人不懂法、不守法而造成的问题，虽然也带有"民族"字样，但却并不都是民族问题。要坚持是什么问题就按什么问题来定性和处置，既不能把民族问题当作法律问题来处理，也不能把法律问题当作民族问题来处理，不混淆两者界限，不模糊是非原则，不因当事人的民族身份而畸轻畸重。要坚持一视同仁、一断于法，依法妥善处理涉民族因素的各种案件事件，保证各族公民平等享有权利、平等履行义务。

## 六、坚决反对和打击各种形式的民族分裂活动

维护中华民族大团结，反对把任何一个民族从中华民族大家庭中分裂出去的活动和图谋，是中华民族的根本利益之所在，也是全国各族人民的共同责任。《宪法》明确规定："中华人民共和国公民有维护国家统一和全国各民族团结的义务。""禁止破坏民族团结和制造民族分裂的行为。"

——**民族分裂主义是民族团结的大敌**。我们所说的民族分裂主义，是指违背本民族根本利益，以脱离所属民族和所在祖国为目

的，以暴力恐怖为主要手段，蓄意破坏国家统一和民族团结、制造和加剧各民族之间隔阂与纷争的一种意识形态。民族分裂主义是民族主义走向极端的产物，与暴力恐怖主义有着天然联系。民族分裂活动是指在民族分裂主义指导下，在一个主权独立、领土完整的国家内部，非主体民族或少数民族中的某些极端势力要求建立独立国家的政治诉求、暴力活动，甚至军事对抗行动。民族分裂主义和民族分裂活动具有极大的危害性，不仅直接伤害民族感情，破坏民族团结，而且严重危害社会安全稳定，造成人心动荡、秩序混乱甚至国家解体。近年来，在第三次世界民族主义浪潮冲击下，世界范围内的民族分裂主义甚嚣尘上，各种民族分裂势力和分裂分子的活动日趋活跃。我国一些民族地区也连续发生严重暴力恐怖事件，造成重大人员伤亡和财产损失，社会影响十分恶劣。对此必须引起高度关注，采取有力措施加以应对和解决。

——**中国各族人民历来坚决维护民族团结，反对民族分裂。**自从中华民族形成以来，身处其中的各民族都普遍有比较强烈的认同感和归属感，都不赞同中华民族大家庭出现分裂现象。特别是近代以来，针对一些民族分裂分子在帝国主义势力的扶持下，策划、制造"西藏独立"、"东突厥斯坦"、伪满洲国等分裂图谋和行径，各民族各阶层人民进行了坚决抵制和英勇斗争，有力地捍卫了国家的主权统一和领土完整。中国共产党自成立之日起，就坚定不移地维护祖国统一和民族团结，坚决反对各种分裂伟大祖国和中华民族的行径，明确宣称，在中国绝不搞任何形式的"民族自决"，绝不搞所谓的"民族分立"，不仅是因为这些与中国的历史和国情完全不

2019 年 7 月 3 日，在瑞士日内瓦万国宫召开"新疆人权事业发展成就"主题会议，访华外国使节盛赞中国新疆发展成就和反恐、去极端化成果

符，同时也是为了防止外部势力利用民族问题挑拨离间，搞乱我们的国家，破坏中华民族大家庭。

——**注重做好新疆、西藏等地区反对民族分裂的工作**。新疆、西藏是我国少数民族相对集中的地区。近年来，西方反华势力千方百计利用这些地区的民族问题进行捣乱破坏，企图把它们作为西化分化中国的一个突破口，不仅频频在所谓"民族""宗教""人权"等问题上做文章，而且明里暗里支持各种民族分裂活动和暴力恐怖活动，对我国的国家统一和民族团结造成了严重威胁。由于新疆、西藏地处祖国边陲，历史上交通闭塞，同内地其他各民族语言文化差异较大，加之长期受外部势力染指和渗透，一些错误观点在一些人中容易产生影响、引起共鸣，被敌对势力所利用。大量事实表明，在新疆、西藏地区，分裂与反分裂的斗争是长期的、复杂的、尖锐的，有时甚至是十分激烈的。不坚决反对和打击各种民族分裂势力，这些地区就不得安宁，发展就没有良好环境，各族群众就不能安居乐业，全国的社会稳定就会受到干扰冲击，各族人民大团结就会受到严重破坏，改革发展稳定大局就会受到极大影响。改革开放以来，党中央先后召开了 3 次中央新疆工作座谈会和 6 次西藏工作座谈会。在 2020 年 8 月和 9 月先后召开的第七次中央西藏工作座谈会和第三次新疆工作座谈会上，党中央明确提出了新时代党的治藏方略和治疆方略，指明了新疆、西藏地区反分裂斗争的正确方向。我们必须时刻绷紧反分裂斗争这根弦，始终保持清醒头脑，坚定必胜信心，作出特别努力，把遏制和打击民族分裂势力和暴力恐怖活动作为重大任务，毫不动摇、毫不松懈地抓紧抓好。对那些蓄意挑拨民族关系、破坏民族团结的犯罪分子，对那些搞民族分裂和暴恐活动的犯罪分子，必须严加防范，依法惩处，决不姑息迁就。

**注　释**

**1**　《马克思恩格斯选集》第 3 卷，人民出版社 2012 年版，第 995 页。

**2**　引自《中国国情读本（2020 版）》，新华出版社 2020 年版。

**3**　《毛泽东文集》第七卷，人民出版社 1999 年版，第 33 页。

**4**　《毛泽东选集》第二卷，人民出版社 1991 年版，第 623 页。

5 《毛泽东选集》第一卷，人民出版社 1991 年版，第 161 页。

6 中华人民共和国卫生部：《中国的医疗卫生事业》，《人民日报》2012 年 12 月 27 日，第 10 版。

7 《毛泽东文集》第七卷，人民出版社 1999 年版，第 371 页。

8 《邓小平文选》第三卷，人民出版社 1993 年版，第 257 页。

9 中华人民共和国国务院新闻办公室：《新疆的劳动就业保障》，《人民日报》2020 年 9 月 18 日，第 11 版。

# 第三章
## 中华文化：中华儿女共有的精神家园

　　文化是人类在社会实践活动中创造的成果。中华民族和中国人民在长期的生产和生活实践中，立足中华大地，着眼于满足自身物质和文化生活需要，创造出多姿多彩、令人赞叹的文明成果，形成了光辉灿烂的中华文化。中华文化是中华民族赖以生存发展的"根基""魂魄"和"血脉"，是世界文化宝库中的珍品。每个中华儿女都与中华文化有着密切的天然联系，都自觉不自觉地接受着中华文化的熏陶和洗礼，理所应当树立正确的文化观，充分认识中华文化的重要地位作用，全面了解中华文化的丰富内容，从思想深处坚定文化自信，推动文化发展，努力创造中华文化的新辉煌。

　　马克思、恩格斯关于文化问题有一系列重要论述，主要包括：文化是人类历史发展的产物，是人类在社会实践中创造的物质成果和精神成果；文化具有民族性、阶级性、继承性和开放性；文化是经济和政治的反映，社会的经济、政治对文化起决定作用，文化对经济、政治具有反作用；先进的思想文化一旦被群众掌握，就会转化为强大的物质力量，反之，落后的、错误的观念如果不破除，也会成为社会发展进步的桎梏；文化是一个民族的魂魄，对民族的存在和发展起着至关重要的作用；文化认同是最深层次的认同；共产党人必须建设和发展革命的先进文化；等等。这些思想观点，构成了马克思主义文化理论的科学体系，奠定了正确文化观的理论基础，为我们全面准确地认识和把握中华文化提供了思想引领和根本遵循。

## 一、中华文化具有丰富内涵和完整体系

文化的含义极其宽泛，是目前社会科学中认识最不统一的概念之一。据统计，有关"文化"的定义有 200 多种。同样，对"中华文化"也有各种不同的认识和界定。从本质上讲，文化是人类在社会实践过程中所创造出来的成果，中华文化是中华民族在长期生产和生活实践中所创造的各种成果。根据这一内涵，中华文化可以从不同角度认识、有不同外延的表达。

**——从主体的角度看，中华文化是由中华民族创造的文化。**文化是同人类紧密联系在一起的，动物界没有所谓文化可言。因此文化常与人类放在一起表述，统称为"人文"，以与"自然"相对应。中国古代典籍《易经》中最早出现"文化"一词，其表述就是"观乎人文，以化天下"。从这个意义上讲，文化的本质属性就是"人类性"，它与人类的活动不可分割，凝结着人类的劳动、心血和智慧，体现着人与动物的根本区别。"文化"说到底

1969年12月，在河南省济源县发现的西汉晚期墓葬中出土的陶风车和陶舂碓模型

就是"人化"。由于人类分为不同的族群，所以文化又带有鲜明的民族性。不同的民族有不同的文化，如美利坚文化、法兰西文化等。习近平总书记指出："民族文化是一个民族区别于其他民族的独特标识。"[1]"一个国家和民族的文明是一个国家和民族的集体记忆。"[2]我们所说的"中华文化""中国文化""华夏文化"，就是中华民族所创造和拥有的文化。由于中华民族包含着56个民族，所以中华文化又可以进一步细分为各个民族的文化，如汉族文化、满族文化、藏族文化等。

　　——**从实践活动的角度看，中华文化是中华民族在一定时间、地域和领域中创造的文化。**由于每个民族都生活在特定的时代、地域，本民族成员分别从事着各种各样的实践活动，所以文化又具有时代性、地域性和领域性。就时间而言，中华文化可分为不同时期的文化，如夏文化、商文化、春秋文化、战国文化、秦汉文化、隋唐文化、明清文化等；就地域而言，中华文化可以分为不同地区的文化，如中原文化、吴越文化、荆楚文化、岭南文化等；就领域而言，中华文化又可以分为不同社会实践领域的文化，如农耕文化、手工业文化、商业文化、军事文化等。

**——从成果的角度看，中华文化是中华民族创造的具有各种不同状态、不同表现形式的文明成果。**对这些成果，可以从两个层面来认识：一个是成果的存在状态；另一个是成果的表现形式。就成果的存在状态而言，主要包括器物、观念、规范等三大类。器物即各种实物；观念即各种思想观点、思维方式、心理状态；规范即各种法律法规、典章制度、行为规范、风俗习惯、组织机构。对这三类成果，可分别称为"物态文化""心态文化""规态文化"。也有人把"物态文化"称作"物质文化"，把"心态文化"称作"精神文化"或"思想文化"，同时把"心态文化"和"规态文化"合称为"非物质文化"，这样做有其一定道理，主要是指明了"器物"的物质实在性，也使得"非物质文化遗产"这一外来概念得以进入中国本土的文化话语体系。但需要指出的是，这里所说的"物质"，与哲学意义上的"物质"并不等同。马克思主义哲学的"物质"概念是与"精神"相对应的，是指独立于人的主观意识之外、不以人的意志为转移的客观存在，它不仅包括各种实物，而且还包括各种法律法规、典章制度、行为规范、风俗习惯、组织机构。这些都属于"物质"的范畴，而不是"非物质"。就成果的表现形式而言，主要有器物、哲学、宗教、科学、技术、文学、艺术、法律、规章、风俗、习惯等多种表现形式，每种形式又可以分为若干更为具体的表现形式，如科学可以进一步分为自然科学、社会科学等，文学可以进一步分为诗词、散文、小说等，艺术可以进一步分为音乐、舞蹈、书法、美术、戏剧、曲艺等。在这些表现形式中，通常既包含着器物因素，也包含着观念因素，还包含着规范因素。比如，京剧这种文化表现形式，不仅需要有道具、服装等实际器物，而且贯穿和体现着作者所要表达的思想理念和价值取向，同时还有表演程式、演员规则等各种规制章法。又比如，古诗词这种文化表现形式，既包含着书刊诗集等物质载体，也包含着志向、情怀等思想情感，还包括诗词创作和诵读的规则惯例等。总之，文化的表现形式

在"中华传统文化节"中，武汉市长春街小学的学生在表演戏曲联唱《悠悠曲韵》

与文化的存在状态同时并存、相互交错，是从不同角度和侧面对人类所创造成果的认识和描述。

文化与人类创造成果之间的关系，直接决定着文化外延的大小。倘若认为文化是指人类创造的所有成果，那么这种"文化"就是一个最广义的概念。在这个意义上，"文化"等同于"文明"，是人类所创造的一切东西。只不过"文明"更强调成果的进步性而已。所以，"中华文化"有时也被表述为"中华文明"，"文明"亦被分为"物质文明""精神文明""制度文明"等。倘若认为文化是指人类创造的观念类成果和规范类成果这两部分内容，那么这个文化就是一个相对狭义的概念。《辞海》对"文化"的界定是："从广义上说，指人类社会历史实践过程中所创造的物质财富和精神财富的总和。从狭义上来说，指社会的意识形态，以及与之相适应的制度和组织机构。"这里所说的"狭义文化"，实际上包含着"心态文化"和"规态文化"两个部分。倘若认为文化只是指人类创造的观念类成果，那么这种"文化"就是一个更为狭义的概念，即"心态文化"，亦即文明体系中的"精神文明"部分。其中的社会意识形态部分，即比较系统的思想理论体系或学术、学说，在中国通常又被称为"国学"。此外，倘若认为文化仅仅是指"心态文化"中的科学文化知识，那么这种"文化"就是最狭义的概念。

文化概念的广狭范围，或者说在什么含义上理解和使用文化概念，是根据不同情况、不同学科来确定的。比如，人类学、考古学、文化学等学科，通常所使用的都是最广义的文化概念。像"元谋文化""良渚文化""半坡文化"等，就是指当时当地人类所创造的一切成果。又比如，"文化遗产"中的文化，也是最广义的文化，它不仅包括物态文化，而且还包括心态文化和规态文化，所以才会有"物质文化遗产"和"非物质文化遗产"之分。而哲学、政治学、社会学等学科，则通常从心态类成果的含义上使用文化概念。毛泽东对文化有一个著名定义，"一定的文化（当作观念形态的文化）是一定社会的政治和经济的反映，又给予伟大影响和作用于一定社会的政治和经济"**3**。这里所说的文化，就是指"观念形态的文化"，即一定社会的精神成果或心态文化。社会主义精神文明建设中所讲的"精神文明"、中国特色社会主义事业"五位一体"总体布局中"文化建设"所讲的"文化"、中共中央办公厅和国务院办公厅《关于实施中华优秀传统文化传承发展工程的意见》中所讲的"中华优秀传统文化"的三个主要内容，即"核心思想理念""中华传统美德"和"中华人文精神"，都指的是这种心态文化。而最狭义的文化概念，通常只限于在一些特定场合作为日常概念使用。比如，说一个人"有文化""文化程度高"，主要是指其受过何种通识教育、掌握了多少自然科学和人文科学知识，或者学历高低。又如，20世纪80年代提出的培育"四有"新人，其中的"有文化"，主要是指具有一定的科学文化知识。总之，文化概念的界定和使用，是与具体学科领域和具体研究背景联系在一起的，不同学科可能使用不同含义的文化概念。日常生活中人们最常用、最通用的，还是心态文化，即文化的观念形态。

　　**——中华文化具有鲜明特点**。突出表现在以下几个方面：

　　一是源远流长。即文化发展历史具有悠久性和连续性。在世

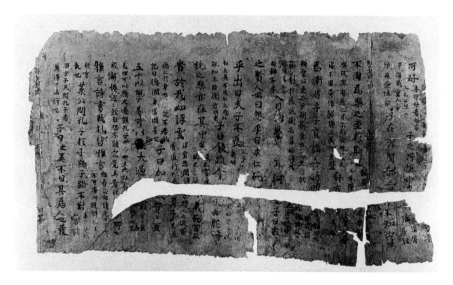

1967 年新疆吐鲁番出土的唐写本《论语郑玄注》残卷

界文明史上，曾经产生和存在过多种多样的文化。它们有的产生时间距离今天较短，长则千余年，短则几百年。有的虽然很早就已创立，但中途因种种原因出现了断裂，或被别的文化同化，或直接消亡。如历史上与中华文化同时诞生、曾经辉煌一时的古希腊文化、古巴比伦文化、古印度文化，如今都早已不复存在，而唯有中华文化连贯延续，薪火相传，从未中断或异化。三千多年前先民们所创造的文字，今天我们依然在大量使用；先民们所写就的典籍，今天我们依然能够顺畅识读；先民们所提炼的思想观念，今天我们依然在领会和掌握；先民们所留下的许多风俗习惯，今天我们依然在遵守和实行。中华民族之所以能在几千年的历史长河中顽强生存和不断发展，很重要的一个原因，就是这个民族有一脉相承的精神追求、精神特质、精神脉络。

　　二是博大精深。即文化内容具有系统性和丰厚性。一方面，中华文化所包含的内容极其丰富。百家争鸣的哲学流派、释道辉映的古代宗教、有教无类的教育制度、蔚为大观的文学艺术、独树一帜的民族医学、千姿百态的风俗习惯、穿越时空的饮食服饰，洋洋洒洒，难以胜数，涵盖了一种文化所应当具有的全部领域，在世界文化史上堪称奇迹。另一方面，中华文化所具有的意蕴极其深刻。无论是实事求是的认识论、注重实践的知行观，还是自强不息的人生态度、富国足民的治国理论，都是通过各种言简意赅的言辞和其他精当简要的文化形式表现出来的。一些重要的经典文献，几乎全是五千多字至一万多字的著述，其"微言大义"给后人留下了无尽的思考和解读空间。中国传统绘画中的"留白"、京剧等戏曲的舞台造型，也都是以小见大、以简驭繁，达到画龙点睛、"此处无声胜有声"的效果。

　　三是兼容并包。即文化范畴具有开放性和包容性。中华文化在发展过程中，从不故步自封，而是善于学习借鉴其他文化的优长，通过消化吸收不断丰富和完善自己。一方面，中华文化对内部的不同文化具有极强的整合力。中国历史本身就是一部境内不同民族间相互交往、竞争合作、渗透融合的历史。许多少数民族与汉族发生过碰撞和激烈冲突，甚至占据和统治了汉族所处的中原地区，但最后却都在中华文化这个大体系中被融汇和同化，成为中华民族大家庭的一部分。另一方面，中华文化对外来文化具有极强的吸纳力。最典型的例证就是佛教的中国化，这种异质文化未经过宗教战争或激烈拼杀而最终与中华原有的本土文化和平共处，充分反映了中华文化海纳百川的胸襟。从这个意义上讲，中华文化既是中国境域内各民族文化的集大成，也是广泛吸收借鉴世界其他民族文化的结果。中华文化不仅对外部文化持开放、包容的态度，而且内部各体系和流派之间也是相互依存、相互交流、相互借鉴。尽管存在着门派之见和门户之争，尽管一些朝代也奉行文化专制政策，但整个中华文化性格上的开放和包容特征却始终未变。即使西汉以后，儒家思想成为正统文化，也一直与各家学说相辅相成，密切互动，从它们中汲取了大量精神营养。

四是与时俱进。即文化发展具有创新性和时代性。文化从来都不是僵化的事物，而是与一定时代和社会实践紧密相联系，中华文化在这方面显得尤为突出。中华文化历来主张"穷则变、变则通、通则久"，强调要与时偕行、经世致用，注重将自身发展与当时当地的条件和需求结合起来，不断补充和拓展新的内容。正是由于中华文化的这一特点，它才不断被时代激活、与时代同步，始终充满着生机活力。

五是总体先进。即文化性质具有进步性和先进性。严格地讲，中华文化本身是一个复杂的集合体，其中既有先进的内容，也有落后的内容，但其主体成分是先进的。比如，中华文化中的中华传统文化，主要是指优秀传统文化。又比如，中华文化中的革命文化和社会主义先进文化，本身就体现了鲜明的革命性和进步性。

——**在当代，中华文化集中表现为中国特色社会主义文化**。中国特色社会主义文化，与中华优秀传统文化、革命文化、社会主义先进文化密切相关。党的十九大报告指出，"中国特色社会主义文化，源自于中华民族五千多年文明历史所孕育的中华优秀传统文化，熔铸于党领导人民在革命、建设、改革中创造的革命文化和社会主义先进文化"**4**。这三种文化形态之间是内在贯通的。从历史看，它们作为中华文化在不同历史阶段的产物，既一脉相承又与时俱进。从现实看，中华优秀传统文化是当代中华文化即中国特色社会主义文化的重要来源，而中国共产党领导中国人民创造的革命文化和社会主义先进文化则是中国特色社会主义文化的主体。习近平总书记认为，对中华文化传承链条上的各个文化形态，都应该重视，不能畸轻畸重、厚此薄彼，"我们既不要片面地讲厚古薄今，又不要片面地讲厚今薄古"**5**。新时代传承发展中华文化，必须把三者有机统一起来，坚持以马克思主义为指导，植根于中国特色社会主义伟大实践，既传承创新中华优秀传统文化，又继承革命文化，同时发展社会主义先进文化，以全面构筑起中国精神、中国价值、中国力量，为人民提供精神指引。正如 2017 年 2 月中共中央、国务院印发的《关于加强和改进新形势下高校思想政治工作的意见》中所强调的："要弘扬中华优秀传统文化和革命文化、社会主义先进文化，实施中华文化传承工程，推动中华优秀传统文化融入教育教学，加强革命文化和社会主义先进文化教育。"**6**

## 二、中华文化为中国和世界作出巨大贡献

了解中华文化，必须充分认识它的巨大价值。无论在中华民

族发展史，还是在人类发展史上，中华文化都具有十分重要的地位和作用。

——**中华文化是中华民族的"根"和"魂"**。习近平总书记指出："在漫长的历史进程中，中国人民依靠自己的勤劳、勇敢、智慧，开创了各民族和睦共处的美好家园，培育了历久弥新的优秀文化"**7**；"中华文化源远流长，积淀着中华民族最深层的精神追求，代表着中华民族独特的精神标识，为中华民族生生不息、发展壮大提供了丰厚滋养"**8**；"中华优秀传统文化是中华民族的突出优势，是我们最深厚的文化软实力。"**9**这些重要论述，深刻阐明了一个道理和一种事实：中华文化从多方面、深层次上维系着中华民族的生存和发展。

清明节，山西灵石举行公祭春秋时期的先贤介之推，弘扬以他为代表的忠孝信义精神

　　中华文化积淀着中华民族最深层的精神追求。中华文化是中国各族人民心灵深处的一种"精神信仰"，也是带根本性、普适性的价值取向。无论是讲仁爱、重民本，还是尚和合、守诚信，还是崇正义、求大同，这些价值取向和精神追求，都在中华文化中得到全面、生动的体现，都在潜移默化地影响和改造着每一个中国人。在古代乃至近代，中国的交通极不发达，信息十分闭塞，多数人目不识丁，但即便如此，在不少穷乡僻壤，生活在社会底层的普通民众，仍然能够讲出"忠孝节义""仁义礼智信"的道理，仍然世代传承和坚守着一些传统的价值观念，仍然保持着敦朴宽厚的民风和家风。那些最基本的善恶判断，已经通过中华文化的耳濡目染和日常教化，深深地印刻在人们的脑海中，成为坚定不移的信仰信念和行为准则。

　　中华文化代表着中华民族独特的精神标识。在中华文化中，包含着中华民族最根本的精神基因，这些基因的外在表现，就是中华民族独一无二的精神标识。通过这些精神基因和精神标识，使得中华民族与世界上的其他民族明显区别开来，构成了中华民族成员所特有的精神家园和精神品格。历史表明，无论哪个民族，如果它固有的文化丢失了，这个民族也就没有了区别于其他民族的特征，也就名存实亡甚至直接灭亡了。唐朝时期，中国东北地区曾经有一个非常强大的民族叫契丹，但这个民族后来消失了，原因就是它在与其他民族的交往中，自身的民族传统文化丧失殆尽，最后被外族所同化。因此，传统文化与民族兴亡是息息相关的，没有文化传承，民族就难免衰落和消亡的命运。人类历史上曾经出现过数万个民族，但全世界现有 10 万人口以上的民族只剩下 300 多个，其中真正从远古一路走来且生生不息发展至今的，唯有中华民族。这应当归功于中华文化的作用。从世界范围看，只有犹太民族可与中华民族相比较，这两个民族有一个非常相似之处，就是都靠文化来延续民族的生命，无论受到什么外部冲击，无论遇到何种亡国灭种的危险，最终都得以置之死地而后生，说到底就是本民族的传统文化没有被灭绝。总之，中华文化就是遍布于中华民族身上的精神血脉，是须臾不可离开的"命根子"。

中华文化是团结凝聚中国各族人民的精神纽带。中国是一个多民族国家。几千年来，把 56 个民族千千万万民众紧紧凝聚在一起、形成中华民族这个大家庭的，是共同经历的非凡奋斗，是共同创造的美好家园，是共同培育的民族精神。归根到底，是体现中华民族特性的共同文化。离开了这一牢固的精神纽带，中华民族就难以生存延续，更谈不上发展壮大。比如，逢年过节，合家团聚，祭祖孝亲，探家访友，一直是中国各民族成员的内在驱动力。每年春节期间，全国都要运送旅客几亿人次，成为当今世界上最大规模的人口集中性迁徙。这清楚地表明：尽管时代在变，但中华传统节日的文化底蕴其实并没有变，其文化内聚力也没有变，仍然是维系中华民族成员联系的重要精神因素。中华文化也是全世界华人华侨共有的思想归依和情感寄托。目前海外华人华侨约有 6000 多万人，分布在世界 198 个国家和地区。但他们无论生活在哪个国家、过了多长时间，身上都始终带有鲜明的中华文化烙印，都与中华大地保持着内心深处的精神共鸣，很多外国城市建有"唐人街"就是一个例证，反映了海外华侨华人同种同根的深厚感情。如果离开中华文化，中华儿女就会失去最重要的精神故乡，中华民族就会成为一盘散沙。中国没有像罗马、奥斯曼帝国那样"各领风骚数百年"，而是历经几千年没有崩塌，一个重要原因，就是中华文化的影响力、辐射力和包容性，使各民族对中华文化、进而对中华民族、对中国产生了强烈的认同感和向心力。

中华文化为中华民族自立自强提供了强大的精神力量。习近平总书记指出，中华文化"支撑着中华民族生生不息、薪火相传，今天依然是我们推进改革开放和社会主义现代化建设的强大精神力量"**10**。一方面，中华文化为中华民族战胜各种困难和敌人提供了强大的精神支撑力。五千多年来，中华民族历经战火、分裂、外敌入侵等种种严峻考验，基本保持了国家的统一、版图的完整、民族的融合、传统的延续，形成了超稳定的政治文化体，追根溯源，就是中华文化塑造了中华民族坚忍不拔的民族性格，形成了深厚的文化认同，激发出超乎寻常的民族凝聚力和创造力，成为维系中华民族永续发展的强大支撑。在自然灾害和外敌入侵面前，中华民族总有一大批优秀成员，以"天行健，君子以自强不息""士不可不弘毅""天下兴亡，匹夫有责""精忠报国""鞠躬尽瘁，死而后已"的爱国主义精神，奋起救亡图存，挽狂澜于既倒。另一方面，中华文化为中华民族的发展和复兴提供了强大的精神推动力。一个国家、一个民族的强盛，总是以文化兴盛为条件的。人类社会的每一次跃进，人类文明的每一次升华，无不伴随着文化的历史性进步。在中华民族的发展史上，每当紧要关头和重大转折时节，中华文化总是成为激励广大中华儿女的强大精神力量，推动中华民族走向繁荣昌盛。今天，我们比历史上任何时期都更接近中华民族伟大复兴的目标，更加需要用中华文化来拓展和提升中国发展的广度、深度和高度。

总之，中华文化与中华民族的生存和发展息息相关，是中国人民须臾不可离开的法宝。习近平总书记指出，"我们决不可抛弃中华民族的优秀文化传统，恰恰相反，我们要很好传承和弘扬，因为这是我们民族的'根'和'魂'，丢了这个'根'和'魂'，就没有根基了"[11]。换句话说，忽视或抛弃了中华文化，就等于割断了自己的精神命脉，就等于自取灭亡。习近平总书记还强调："只有坚持从历史走向未来，从延续民族文化血脉中开拓前进，我们才能做好今天的事业。"[12]"没有文明的继承和发展，没有文化的弘扬和繁荣，就没有中国梦的实现。"[13] 作为中华民族的传人和中国梦的实践者，我们有责任、有义务去寻找和保护自

清朝康熙皇帝御制的"孔子像赞"石雕，完整地保存在云南建水文庙内

己的文化之根，坚守和锻铸自己的文化之魂，并把它一代代地传承下去、发扬光大。

**——中华文化为人类文明进步作出了不可磨灭的贡献**。习近平总书记在党的十八大后第一次记者见面会上，高度评价中华文化在人类文明发展史上的重要作用，指出："我们的民族是伟大的民族。在五千多年的文明发展历程中，中华民族为人类文明进步作出了不可磨灭的贡献。"**14** 后来又多次强调："我国发展历史上长期处于世界领先地位，我国思想文化、社会制度、经济发展、科学技术以及其他许多方面对周边发挥了重要辐射和引领作用。"**15** 这是我们党和国家最高领导人首次鲜明提出，中华文化对人类文明发展进步具有重要作用，是全人类的共有精神财富。在世界文明的浩瀚海洋中，中华文化一直占有重要的一席之地，在推动世界文明的发展进步上，发挥了重大作用，产生了广泛影响。

一方面，中华文化有力推动了人类物质文明的发展。中国古代在天文、历法、数学、农业、医学、地理学等众多文化领域取得举世瞩目的成就。比如，"四大发明"传入欧洲后，极大地加速了欧洲迈向现代文明的过程。正如马克思精辟指出的："火药、指南针、印刷术——这是预告资产阶级社会到来的三大发明。"**16** 英国哲学家培根曾这样讲道：印刷术、火药、指南针，这三种发明曾改变了整个世界事物的面貌和状态。明朝宋应星撰著的《天工开物》，系统总结明清之际的手工业生产技术，17 世纪进入日本后，在日本形成了"开物学派"，促进了日本明治维新；19 世纪又在欧洲引起轰动，被誉为中国的"技术百科全书"。中国带有浓郁民族

"南海一号"船舱内瓷器层层叠叠、密密麻麻的堆放方式是南宋远洋商船的典型特征，是保存在"海上丝绸之路"主航道上的珍贵文化遗存

色彩的建筑工艺，对世界现代建筑的发展产生了广泛影响；中国的二十四节气，比西方人的观察气象早了 500 多年；中国的丝绸与陶瓷，通过"丝绸之路"传遍了全球；中国的中医和中药，医治和消除了人类的许多疾病。一些资料显示，16 世纪以前世界上最重要的 300 项发明和发现中，中国占 173 项，远远超过同时代的欧洲。<sup>17</sup> 中国古代人民依靠勤奋和智慧创造的中华文化，在人类文明发展史上留下了泽被寰宇、造福世界的辉煌一页。

另一方面，中华文化有力推动了人类精神文明的发展。中国的哲学宗教，通过向各国传播，形成了中华文化圈；中国的"四大名著"，在世界文学史上占有重要位置；中国的各种艺术形式，丰富了人类对美的欣赏和追求。正是由于中国精神对人类文明发展所作出的重要贡献，世界上很多人对中华传统文化非常认可和推崇。法国启蒙运动时期，以伏尔泰为代表的启蒙思想家曾对中国的儒家文化做过专门研究，并从中汲取了丰富的文化养分。伏尔泰把欧洲人"发现"中国的文明比作达·伽马和哥伦布的地理大发现，在多部著作中予以高度评价。他还亲自把中国的元杂剧《赵氏孤儿》改编成《中国孤儿》，使其成为第一部传入欧洲的中国戏剧。联合国大厅里专门镌刻了孔子的名言"己所不欲，勿施于人"，联合国前秘书长安南经常引用它。《论语》《道德经》是世界上发行量最大的几本古代经典之一。《孙子兵法》是美国西点军校的必修课程。1988 年，世界诺贝尔物理学奖得主瑞典科学家汉内斯·阿尔文呼吁："如果人类要在 21 世纪生存下去，必须回首 2500 多年前，去汲取孔子的智慧。"1981 年罗纳德·里根当选美国总统，在就职演说中专门引用了老子《道德经》中的名言"治大国若烹小鲜"来说明其治国主张。无独有偶，2011 年年底，联合国秘书长潘基文在发表连任宣言时，也引用了《道德经》的结束语"天之道，利而不害；圣人之道，为而不争"，试图用这一古老的东方智慧来给信息时代的世界一个思考问题的新角度。

　　**——坚定对中华文化的高度自信**。文化自信是指一个国家、一个民族对自身文化价值的充分肯定和积极践行，以及对其文化生命力持有的坚定信心。习近平总书记深刻指出，文化自信是更基础、更广泛、更深厚的自信，是更基本、更深沉、更持久的力量。没有高度的文化自信，没有文化的繁荣兴盛，就没有中华民族的伟大复兴。坚定文化自信，是事关国运兴衰、事关文化安全、事关民族精神独立性的大问题。**18** 我们所说的文化自信中的"文化",指的就是与时俱进、历久弥新的中华文化。在世界历史长河中,很少有哪个国家像中国这样,积淀起如此悠久而深厚的文化。早在公元前 800 年到公元前 200 年间,东西方世界先后出现了一批伟大的思想家,奠定了后来人类精神文明的大格局,有学者将这个时代称为"轴心时代"。当时,中国的老子、孔子、孟子、庄子、墨子等诸子百家的思想光彩夺目,使得中华文化在人类思想文化发轫之始,就在世界文化格局中确立了举足轻重的地位。此后的数千年岁月中,中华文化在世界舞台尽显风采,文化之帆高悬远扬。党的十八大之后,文化建设被摆到更加突出的位置上,提升到一个新的历史高度。文化自信和道路自信、理论自信、制度自信被并列为中国特色社会主义"四个自信",并且成为最根本、最重要的一个自信。正如习近平总书记所指出的,中国有坚定的道路自信、理论自信、制度自信,其本质是建立在 5000 多年文明传承基础上的文化自信。**19** 坚定中国特色社会主义的道路自信、理论自信、制度自信,说到底就是要坚定文化自信。这几年,我国文化建设在正本清源、守正创新中取得历史性成就、发生历史性变革,为新时代开创党和国家事业全新局面提供了强大正能量。我们只有进一步坚定文化自信,坚持把文化建设作为事关全局的工作抓紧抓好,才能始终不渝地坚持和发展中国特色社会主义,才能从根本上增强民族自尊心和自豪感,增强自立于世界民族之林的胸怀和底气。

——**坚决反对文化虚无主义**。文化虚无主义是文化领域长期存在的一种错误思潮,是虚无主义在文化问题上的具体表现。虚无主义集怀疑主义、自由主义、解构主义、悲观主义、颓废主义于一身，把任何信仰、价值都看作可有可无，不仅贬损主流和权威，而且反对文明和秩序。文化虚无主义站在唯心主义立场上，把人的精神本能化、物欲化、个体化，否定文化创造、文化成果的客观性和科学性，否定崇高、正义、奉献等价值取向，是一种更深层次的虚无主义。在中国，文化虚无主义主要是以否定中华文化传统、主张全盘西化为特征，以娱乐化、非主流化甚至反智化为手段，以动摇中华文化根基、消减中华文化影响为目的。认识中华文化的重要性，坚定文化自信，必须旗帜鲜明地抵制和反对文化虚无主义。习近平总书记强调指出："我们不是历史虚无主义者，也不是文化虚无主义者，不能数典忘祖、妄自菲薄。"**20** 在带领中国人民进行革命、建设、改革的长期实践中，中国共产党人始终是中国优秀传统文化的忠实继承者和弘扬者，从孔夫子到孙中山，我们都十分注意汲取其中积极的养分。事实证明，只有坚持从延续民族文化血脉中开拓前进，才能做好今天的事业。

　　文化虚无主义在不同时期有不同的表现形式。改革开放以来，文化虚无主义呈现出一些新的特点。比如，在对待中华传统文化上，有的以"反思""创新"为由，把传统文化一棒子打死，认为儒家充满奴性、道家安于现状、法家崇尚专制、佛教是封建迷信，统统毫无可取之处。中华文化"已经夭亡和丧失生命力""孕育不出新的文化"，因而极力推崇"西方文化中心论"，主张"全面学习西方"，搞"全盘西化"。20 世纪 80 年代出现的电视片《河殇》就是其中一个典型代表。又比如，在对待"革命文化"上，有的否定近代以来中国社会的半殖民地半封建性质，否定新民主主义革命和社会主义革命的必要性和重要性，声称"革命"是"政治激进主义的话语"，是造成社会一切弊端的根源，影响了中国"以英美为师"、走西方资本主义道路的选择；革命理论和革命文化有"暴力倾向"，起到"破坏社会秩序"的作用，因而要求人们"告别革命""远离红色"。还比如，在对待社会主义先进文化上，有的执意抹黑和消解主流意识形态，否定马克思主义的科学性和真理性，否定社会主义的基本经济制度和政治制度，诋毁社会主义先进文化中的集体主义、大公无私等价值取向，公开宣扬个人至上和极端个人主义，倡导"躲避崇高""少谈主义"。凡此种种，不一而足。文化虚无主义具有严重的危害性，不仅对人们的思想观念产生负面冲击影响，直接导致文化低俗、媚俗、庸俗和恶俗等现象发生，而且从根本上动摇中华文化存在的合理性和重要意义，最终将引发全社会思想迷茫、价值无序、信仰危机和道德滑坡，造成思想防线失守、精神世界崩塌。

反对文化虚无主义，关键是要坚持辩证唯物主义和历史唯物主义立场，对中华文化秉持客观、科学、礼敬的态度。所谓客观，就是要承认中华文化的客观实在性，从客观实际出发，对中华文化作出全面、历史、辩证的分析和评价，还其客观存在的本来面目。所谓科学，就是要充分认识中华文化是一个庞大而复杂的体系，其中精华与糟粕混杂、积极与消极并存，但精华和积极内容是主、糟粕和消极内容是次。要坚持用科学态度和科学方法，对中华文化进行扬弃继承和转化创新。所谓"礼敬"，就是要敬重和珍视先人创造的优秀文化成果，坚决维护中华文化的民族性和独特性。中华民族在长期实践中，创造出足以自立于世界民族之林的优秀文化财富，理应受到后人的敬仰和尊重。从本质上讲，礼敬中华文化，就是尊重历史、尊重祖先、尊重广大人民群众的文化创造。要深入研究中华文明、中华文化的起源和特质，形成较为完整的中国文化基因的理念体系，促使全体中国人民在思想上精神上文化上更加自觉和紧密地团结在一起。

## 三、中华文化是中国各民族文化的集大成

中华文化是中国 56 个民族的文化。在中华文化宝库中，除了汉族文化之外，还包括其他 55 个民族的文化，它们是一个不可分割的有机整体，共同构成了中华文化的巍峨大厦。正如习近平总书记所讲，"中华文化是各民族文化的集大成"[21]。

——**中华文化是多点同时形成和发展起来的**。从历史源头上看，中华文化从一开始，就是在多个地点同时产生和发展起来的，汉族和少数民族都对中华文化的形成作出过重要贡献。传统史学曾一度认为，中华文化最初起源于黄河中下游，即华夏文化，然后再逐步向四周扩散，通过对其他文化产生吸引力和进行整合融汇，最后才从整体上形成中华文化。但近几十年的考古发现修正了这种看法。研究成果显示，中华文化的摇篮是多处而不是一处，是多元起源、多区域不平衡发展而不是单一起源和同步均衡发展，是"满天星斗"和"星罗棋布"而不是"一花独放""一枝独秀"。其中，少数民族文化占有不可忽视的地位和分量。

原创民族歌剧《玛纳斯》

在我国文化宝库中，既有大量由汉族作者创作的反映少数民族生产生活、记录少数民族文化成果的作品，也有大量少数民族作者自己的创造。先秦散文、楚辞汉赋、唐诗宋词元曲、明清小说，有许多就是描写少数民族的风土人情和文化成果的。而藏族的《格萨尔》、蒙古族的《江格尔》、柯尔克孜族的《玛纳斯》，则被并称为中国少数民族"三大英雄史诗"，代表着少数民族文化在中华文化中的重要地位。在列入"人类非物质文化遗产代表作名录"的中国项目中，属于少数民族的文化遗产占到三分之一。事实表明，各民族都对中华文化的形成和发展作出了重要贡献，彼此都应当相互欣赏、相互尊重、相互学习，都需要从其他民族的优秀文化中汲取丰厚营养。把汉文化等同于中华文化、忽略少数民族文化，或者对中华文化整体缺乏了解和认同，把本民族文化自外于中华文化，都是不对的，都要予以克服和纠正。当然，由于汉民族是中华民族的主体成分，汉族文化自然也就成为中华文化的主体内容，对这一点亦无须讳言，应当实事求是地加以承认。

——**各民族文化的交汇融合造就了中华文化的恢宏气象。**自古以来，中华文化就因环境多样性而呈现丰富多元状态。各民族文化和中原文化血脉相连、息息相通，从一开始就打上了中华文化的鲜明印记，中华文化始终是各民族的情感依托、心灵归宿和精神家园；各民族文化始终扎根中华文明沃土，是中华文化不可分割的一部分。正是由于不同民族文化的交相辉映和借鉴融通，才使得整个中华文化灿烂多姿，精彩纷呈，气象万千。缺少了哪个民族的文化，中华文化就不完整、不完美，就会失去其应有的光彩和价值。比如，少数民族的文化体系中具有许多积极向上的思想元素。它们普遍强调崇尚自然、爱惜生灵，热爱生活、勤劳简朴，各族相亲、尊重长者，热情好客、守望相助，讲求道义、非义不取，自尊自爱、重情重理，信守承诺、勇敢无畏，等等。这些思想理念独树一帜，与汉民族的相关思想认识相映生辉，为中华民族的生存发展提供了多方面的文化养分。又比如，少数民族的文艺作品体现了独特的艺术价值。近年来，在文艺演出和电视节目中，一些少数民族选手的精彩表演，原汁原味原生态地呈现和展示了少数民族文化的魅力，为中华文化的美学宝库增添了奇光异彩，深受广大观众的赞赏和喜爱。还比如，少数民族的风俗习惯丰富了中华民族的精神生活。许多少数民族都保留着自己一些独特的节日，如傣族的泼水节、蒙古族的那达慕大会、彝族的火把节、瑶族的达努节、白族的三月街、壮族的歌圩、藏族的藏历年和望果节、苗族的跳花节，等等。这些节日与汉族的节日一起，共同构成了中华传统节日体系，使中华节日靓丽多姿。总之，那种认为少数民族文化落后，看不到其重要价值，看不起其发展水准，甚至主张任其消亡的看法是十分错误的。

——**重视保护、传承和弘扬少数民族文化。**中华文化的多样性、包容性特点，决定了各民族特别是少数民族文化必须得到保护、传承和弘扬。我们要从保护中华文化多样性的角度，从丰厚中华民族精神家园、保证中华民族永续发展的高度，更加充分地认识少数民族文化的意义和价值，努力把少数民族文化传承好、弘扬

大型芦苇工艺画《十二木卡姆》

好。当前最重要的，就是要积极扶持少数民族文化事业发展。党和政府历来把发展少数民族文化事业摆到重要位置，但是由于少数民族文化通常体量较小，抵抗市场经济冲击的能力较弱，所以必须予以特别关注，采取有效措施加以保护，才能防止珍贵的文化遗产流失和受到破坏。比如，为保护维吾尔族传统音乐艺术"十二木卡姆"，新疆维吾尔自治区专门出台实施了《维吾尔木卡姆保护条例》，并将其申报为"第三批人类口头与非物质遗产代表作"，选拔了各级代表性传承人，组织了多种形式的演出和传播活动。又比如，为保护藏族传统节日习俗，在执行全国性法定假日的基础上，西藏自治区专门立法，将"藏历新年""雪顿节"等西藏传统节日列入自治区的节假日。发展少数民族文化事业，保护和弘扬各民族传统文化，并不是原封不动地全盘保留，更不是连同糟粕一起传承，而是要去粗取精、推陈出新，努力实现创造性转化和创新性发展。

——**增强各民族对中华文化的归属感和认同感**。文化认同是最深层次的认同，是民族团结之根、民族和睦之魂。文化认同问题解决了，对伟大祖国、对中华民族、对中华历史、对中国特色社会主义道路的认同才能建立和巩固。我们要把增强文化认同作为管根本、管长远的战略任务来抓，努力建设各民族共有的精神家园。认同中华文化与认同本民族文化之间并不矛盾，两者并育而不相悖。因为各民族文化本身就是中华文化的有机组成部分。但认同各民族文化，要以增强对中华文化的整体认同为前提和基础，任何一个民族，都应当对本民族的历史文化有正确定位和客观评价，而不能本末倒置，片面强调和突出本民族文化，淡化和排斥中华文化。

——**依法推广普及国家通用语言文字**。语言文字是文化的重要载体，是思想和情感沟通的必要条件。各民族文化都是依托一定的语言文字传承和发展的，一个国家文化的魅力、一个民族的凝聚力，也主要通过语言文字来表达和传递，不学习掌握本民族和本国的语言文字，就难以形成文化认同和文化自信；语言文字不通，各民族之间就难以彼此了解和交流互鉴。《中华人民共和国宪法》《中华人民共和国民族区域自治法》和《中华人民共和国国家通用语言文字法》均明确规定，"各民族都有使用和发展自己的语言文字的自由""国家推广全国通用的普通话""国家推广普通话，推行规范汉字"。这为各民族正确使用祖国语言文字、繁荣发展中华文化指明了方向，提供了根本依据。

普通话和规范汉字是当代中国的国家通用语言文字。几千年来，汉语从"雅言""通语""官话""国语"，发展到今天的普通话；汉字从甲骨文、金文、篆、隶、楷，发展到今天推行的简化字，逐渐成为中华文化的基本载体和联结各民族的桥梁和纽带，在中国得到系统传承和广泛使用。这是各族人民长期交流互鉴的结果，是历史和人民的选择。新中国成立后，1956 年国务院发布了《关于推广普通话的指示》，1982 年将"国家推广全国通用的普通话"写入宪法，2000 年又颁布了国家通用语言文字法，从法律上正式确立了普通话和规范汉字作为国家通用语言文字的地位。历史表明，对于我们这样一个多民族、多语种、多文种的国家来说，推广普及国家通用语言文字，有利于增强中华民族的凝聚力，有利于铸牢中华民族共同体意识，也有利于进一步巩固中华民族多元一体的格局。

只有推广普及国家通用语言文字，才能深度增进各族群众的沟通和交流，真正实现中华民族的大团结。因此，在中国特色社会主义事业全局特别是文化建设中，必须旗帜鲜明地巩固和加强国家通用语言文字的主体地位，坚定不移地推广普及国家通用语言文字。推广普及和学习使用国家通用语言文字作为宪法规定的责任和义务，每个民族都应当自觉遵行，任何组织和个人都不能阻碍和干扰，不能片面强调使用本民族语言的权利，忽视或放弃作为中华人民共和国公民和中华民族大家庭成员学习掌握国家通用语言文字的法定责任。

推广普及和学习使用国家通用语言文字，是推动国家现代化建设和社会发展进步的必然要求，是利国利民的大好事。新中国成立后，通过全面普及国家通用语言文字，我国的文盲率从新中国成立之初的80%下降至4%，普通话普及率超过80.7%，识字人口使用规范汉字比例超过95%，在世界上创造了统一的多民族、多语言国家推广通用语言文字的成功典范，有力筑牢了国家繁荣发展的根基。对于个人来说，学习掌握国家通用语言文字，将会创造更好的工作生活条件，带来更多的发展机会。尤其是少数民族群众学好国家通用语言文字，会大大有利于其开阔视野、升学就业、接受科学知识、融入现代社会。前些年，一些民族地区的青壮年劳动力由于不会讲普通话，很难走出去，成为影响就业和脱贫致富的一大障碍。从2017年起，国家将推广普通话纳入脱贫攻坚总体部署，不懂普通话的贫困群众特别是青壮年劳动力明显减少。现在世界各国包括不少发达国家，学习中文的需求十分旺盛，许多人都在主动学习中文，主要是看到了中国发展带来的机遇。我们自己国家的公民、各民族的干部群众，更应当自觉学习掌握好国家通用语言文字，这样才可以在 14 亿人的大市场大舞台上纵横驰骋、得心应手。

推广普及和学习使用国家通用语言文字，与学习掌握少数民族语言文字并不矛盾。党和国家历来重视保护少数民族文化，充分尊重和保障少数民族使用本民族语言文字的权利。国家和各民族自治地区颁布实施的法规，都将少数民族语言文字的学习、使用和发展纳入法制化轨道，使其受到法律保护和支持。国家货币上标注少数民族文字，党和国家重要会议用少数民族语言翻译、重要文献用少数民族文字出版，都体现了民族平等原则和统一的多民族国家的特点。推广普及国家通用语言文字，并不是要取消少数民族语言文字，而是为了使少数民族更好地融入中华民族大家庭，更好地发展进步。在依法推广国家通用语言文字的同时，劳动者可以自主选择使用何种语言文字进行交流。推行双语教育，既要求少数民族群众学习国家通用语言文字，同时也鼓励当地汉族群众学习少数民族语言文字。尤其是工作和生活在民族地区的各级干部和公务人员，更要带头学习和掌握双语。少数民族干部要会讲汉语，汉族干部也要争取会讲少数民族语言，这样才便于开展工作、履行职责，才会增进了解、密切感情。推广普通话与科学保护方言乡音同样并行不悖。党和国家把方言作为中华语言文化多元化的重要体现，为保护方言做了大量工作。国家通用语言文字法明确规定可以使用方言的四种情形；《关于实施中华优秀传统文化传承发展工程的意见》既要求"大力推广和规范使用国家通用语言文字"，又要求"保

"学前学会普通话"行动在四川凉山开花结果

护传承方言文化"。2015 年 5 月，教育部和国家语委共同启动了"中国语言资源保护工程"，总体规划调查 1500 个点，其中就包括汉语方言 900 个点，濒危语言方言 200 个点。

推广普及国家通用语言文字是一个系统工程。要全面加强国家通用语言文字教育，坚持把国家通用语言文字作为国民教育教学的基本用语用字，尤其要从娃娃抓起，加强学前教育和义务教育阶段的国家通用语言文字教学，努力让民族地区学生在学前阶段学会普通话、初中毕业时基本掌握和使用国家通用语言文字、高中毕业时达到熟练掌握和使用的水平。要在民族地区科学推行双语教育，推进民汉合校、混合编班，形成共学共进的氛围和条件。要积极发挥党政机关的带头作用、新闻媒体的示范作用、公共服务行业的窗口作用，营造学习使用国家通用语言文字的良好社会氛围。要注重发挥"小手拉大手"的作用，将讲普通话延伸和扩展到每一个家庭。要建好用好国家通用语言文字推广基地，办好全国推广普通话宣传周，扩大"推普助力脱贫攻坚"大学生社会实践规模，促进推普工作持续深入。要把学校教育和社会推广结合起来，通过夜校、文化站、培训机构等，创造边学语言边学技能的条件，通过学习掌握普通话帮助群众脱贫致富、就业创业。2020 年 10 月，在国家通用语言文字法颁布 20 周年之际，国家专门召开全国语言文字会议，国务院办公厅印发了《关于全面加强新时代语言文字工作的意见》，明确提出了未来推广普及国家通用语言文字的目标，即到 2025 年实现普通话在全国普及率达到 85%、到 2035 年基本实现语言文字工作治理体系和治理能力现代化。

## 四、传承和发展中华优秀传统文化

中华优秀传统文化是中华文化的源头活水，也是中华文化的重要组成部分。弘扬中华文化，首先必须传承和发展中华优秀传统文化。这是一个宏大工程，需要从多方面作出努力。2017 年 1 月，中共中央办公厅、国务院办公厅联合下发了《关于实施中华优秀传统文化传承发展工程的意见》（以下简称《意见》），对这项重大任务作了全面部署，强调要紧紧围绕实现中华民族伟大复兴的中国梦，坚持以人民为中心的工作导向，坚持以社会主义核心价值观为引领，坚持创造性转化、创新性发展，坚守中华文化立场、传承中华文化基因，不忘本来、吸收外来、面向未来，汲取中国智慧、弘扬中国精神、传播中国价值，不断增强中华优秀传统文化的生命力和影响力，创造中华文化新辉煌。

**——推动中华优秀传统文化创造性转化、创新性发展。**2013年 11 月，习近平总书记在山东考察时首次提出，要"努力实现中华传统美德的创造性转化、创新性发展"[22]。此后又将其拓展为"实现传统文化的创造性转化、创新性发展"[23]。党的十九大明确指出，要"坚持创造性转化、创新性发展，不断铸就中华文化新辉煌"[24]。《意见》把"创造性转化、创新性发展"写入指导思想，作为必须遵循的方针原则。"两创"方针继承了我们党"古为今用、推陈出新""取其精华、去其糟粕"的一贯方针，深刻揭示了新时代传承发展中华优秀传统文化的客观规律，是正确对待中华优秀传统文化的总要求，也是新形势下继承和发展传统文化的科学指南，标志着中国共产党对文化发展规律和文化发展路径的认识达到了一个新高度。我们要结合时代要求贯彻落实"两创"方针，让中华优秀传统文化展现出永久魅力和时代风采。

搞好中华优秀传统文化的创造性转化。所谓创造性转化，就是指根据时代特点，对传统文化中那些仍有借鉴价值的思想内涵和表现形式加以挖掘、萃取、改造和提升，赋予其现代表达，激活和拓展其生命力，使之能回应时代挑战，解决现实问题。创造性转化的关键在"用"。这个"用"就是"古为今用"，就是使中华民族最基本的文化基因与当代文化相适应、与现代社会相协调，与现实文化相融通，有机融入并有效服务当代社会发展。一是借用古人思想内核，对传统价值观念进行迁移性转化。其中既包括立足现代社会实践充实完善传统价值，也包括借用传统文化概念和符号解决当下问题。比如，"忠"是中国传统价值观的重要内容，但今天人们对"忠"的解读，早已脱离了封建时代"忠君""忠臣"等狭隘含义，而是将其作为现代社会个人道德品质和政治品格的代名词。而对党、国家和人民的忠贞，则蕴含着忠诚、干净、担当的要求以及"绝对"的境界。二是完善传统价值表达，对过去的表现形式和文化形态进行现代性转化。传统文化的基本精神是现代文明发展不可或缺的精神资源，但形成于古代社会的传统文化毕竟带有当时当地的特点，并不完全适合现代社会生活。因此，需要在尊重传统文化

高中学子举行汉服成人礼

精神的基础上，从文化形态、表达方式、表现形式、践行要求、评判标准等方面，作出与当今时代相适应的创造性转化。这里所说的"创造性转化"，既包括改造旧形式，也包括赋予新标准，还包括创造新形态。比如，中国古代实行礼法一体，发展出相当完备的礼仪制度，尽管其中蕴含的道德需求和劝诫功能至今仍值得重视，但古代礼仪的繁缛形式却并不适合现代生活。因此，要把"明礼诚信"的公民道德要求与简化和改造传统礼仪形式结合起来，有计划地推广国家公祭日仪式、就职宣誓仪式、成人礼、尊师礼仪、社交礼仪等既有民族特色又有现代风格的社会主义新礼仪。又比如，"孝"是中国传统社会的基本道德规范，是一个融合了祖先崇拜、敬老尊老、养育后代、忠孝两全、修身齐家治国的庞大价值体系，在国人精神世界中具有不可替代的地位。但封建社会所提倡的"埋儿奉母"之类的"愚孝""父为子纲""丁忧三年""无后为大"等具体标准，显然已经不适宜今天，也不可能延续和推广。现代人尽孝道，应结合居住、就业、社会保障和家庭结构特点，采取多种方式来进行。三是实现新旧话语转换，对古代的表述习惯和语言体系进行阐释性转化。就是创新话语表达方式，使传统文化的思想精神从古旧、晦涩、过时的话语体系中准确析出，结合时代发展和社会需要进行新的阐发和解读，把古代话语转换为现代话语和大众话语。这方面既包括直接使用现代语言阐释传统价值，也包括借助当代价值表述重述传统价值，还包括主动创造新的话语生发传统价值。比如，"丝绸之路"在古代主要是指商贸之路，而以习近平同志为核心的党中央提出的"一带一路"倡议，却是涉及沿线国家和地区基础设施、贸易、资金、文化等多方面、立体式、更高水平、更深层次的区域交流合作的宏大规划。它借用古代"丝绸之路"这一文化符号，将古代东西方商贸往来的传统文化概念巧妙迁移到现代全球贸易体系和国际交往中来，秉承其中开放、包容、合作的文化意蕴，并融入当今时代元素，从而使之具有了更加广泛而深远的全球性意义。

推进中华优秀传统文化的创新性发展。所谓创新性发展，是指按照时代的发展进步，对传统文化的原有内涵加以补充、拓展、完善，增强其影响力和感召力，实现中华传统文化的创新、提升和超越。创新性发展的关键在"创"，就是要针对时代特点，对传统文化的内容、形式和传播途径进行与时俱进的拓展和扩充，努力使其与社会发展相同步，成为时代精神的体现。在文化内容上，要重点创造既保留民族特色又体现时代精神的社会主义新文化。这种新文化，就是中华优秀传统文化与革命文化、社会主义先进文化的融合发展，就是以社会主义核心价值观作为创新性发展的标准，就是广泛吸收借鉴世界各国文化的优秀成果。在文化生产上，要积极推动文化理论、生产要素、技术手段综合创新。传统文化创新不仅仅是内容创新，还包括理论创新、技术创新、服务创新、业态创新等诸多方面。这些年来，我国坚持以国家文化创新工程项目为抓手，不断推进创新项目孵化、创新人才培养、创新成果推广，取得了显著成效。今后应进一步加大传统文化理论创新力度，依托传统文化资源发展文化创意产业，注重文化与科技融合，鼓励文艺创作和演出内容的生产创新，实现传统文化旧貌换新颜。

**——深入挖掘中华优秀传统文化中蕴含的精神资源**。中华优秀传统文化是一个庞大体系，包含着十分丰富的内容，其中具有基础性、主导性的是各种精神要素或"心态文化"。党的十九大报告明确提出，要"深入挖掘中华优秀传统文化蕴含的思想观念、人文精神、道德规范，结合时代要求继承创新，让中华文化展现出永久魅力和时代风采"**25**。传承发展中华优秀传统文化，就要对中华传统文化中所包含的精神要素进行深入挖掘和透彻研究，科学揭示和准确把握其科学内涵，使其在当今时代继续发挥作用。

一是挖掘中华优秀传统文化中蕴含的核心思想理念。《意见》明确指出："中华民族和中国人民在修齐治平、尊时守位、知常达变、开物成务、建功立业过程中培育和形成的基本思想理念，如革故鼎新、与时俱进的思想，脚踏实地、实事求是的思想，惠民利

曲阜"三孔"——孔庙、孔府、孔林

民、安民富民的思想，道法自然、天人合一的思想等，可以为人们认识和改造世界提供有益启迪，可以为治国理政提供有益借鉴。传承发展中华优秀传统文化，就要大力弘扬讲仁爱、重民本、守诚信、崇正义、尚和合、求大同等核心思想理念。"26 这是对中华优秀传统文化"基本思想理念"和"核心思想理念"的起源、内涵和意义的精要概括。在数千年的生产生活实践中，这些思想理念"已经成为中华民族最基本的文化基因"，成为中华民族和中国人民"有别于其他民族的独特标识"27。传承和弘扬这些思想理念，才能为正确认识世界和改造世界奠定坚实的文化底蕴。

二是传承和弘扬中华传统美德。中华传统美德是中华民族代代相承的优良道德准则和行为规范，是中华优秀传统文化的精髓。自古以来，德乃做人之本、立身之基，是每个人都必须面对和回答的人生大课题。国无德不兴，人无德不立，必须理直气壮地继承和弘扬中华民族传统美德。《意见》明确指出，"中华优秀传统文化蕴含着丰富的道德理念和规范，如天下兴亡、匹夫有责的担当意识，精忠报国、振兴中华的爱国情怀，崇德向善、见贤思齐的社会风尚，孝悌忠信、礼义廉耻的荣辱观念"，"传承发展中华优秀传统文化，就要大力弘扬自强不息、敬业乐群、扶危济困、见义勇为、孝老爱亲等中华传统美德"28。对中华民族和中国人民来说，这些传统美德都是自立自强的前提条件，都必须传承和弘扬。

三是坚守向上向善的中华人文精神。中华民族在长期实践中，孕育形成了具有鲜明特色的人文精神。这是中华优秀传统文化中最深沉、最厚重的底色。《意见》把中华人文精神列为中华优秀传统文化的主要内容之一，明确指出："中华优秀传统文化积淀着多样、珍贵的精神财富，如求同存异、和而不同的处世方法，文以载道、以文化人的教化思想，形神兼备、情景交融的美学追求，俭约自守、中和泰和的生活理念等，是中国人民思想观念、风俗习惯、生活方式、情感样式的集中表达，滋养了独特丰富的文学艺术、科学技术、人文学术，至今仍然具有深刻影响。传承发展中华优秀传统文化，就要大力弘扬有利于促进社会和谐、鼓励人们向上向善的思想文化内容。"[29] 弘扬中华人文精神，既是传承发展中华优秀传统文化的内在要求，也是提升民众人文素养、增强文化底蕴的有效途径。

——**保护和传承中华文化遗产**。一个民族和国家的文化遗产，代表着其历史文化的发展水准和成果，承载着民族和国家的认同感和自豪感。传承和发展中华优秀传统文化，一个重要任务就是大力保护、传承和利用珍贵的中华文化遗产。

中华文化遗产包括物质文化遗产和非物质文化遗产两大类别。物质文化遗产是指具有历史、艺术和科学价值的文物，包括不可移动文物和可移动文物，以及历史文化名城（街区、村镇）等。非物质文化遗产是指各种以"心态"或"规态"存在、与群众生活密切相关且世代相承的传统文化遗产，包括传统口头文学以及作为其载体的语言；传统美术、书法、音乐、舞蹈、戏剧、曲艺和杂技；传统技艺、医药和历法；传统礼仪、节庆等民俗；传统体育和游艺；等等，以及属于非物质文化遗产内在组成部分的实物和场所。非物质文化遗产具有口头性、民间性、行为性、技艺性等特点，特别是

2010 年，京剧入选人类非物质文化遗产代表作名录

非物质文化遗产所蕴含的理念，更是民族精神的重要质素。

中华文化遗产极其丰厚。截止到 2019 年年底，我国共有不可移动文物近 77 万处，非物质文化遗产项目 87 万项，其中有 55 项被列入《世界遗产名录》，与意大利并列世界第一。这些遗产内有文化遗产 37 项（含文化景观遗产 5 项）。中华文化遗产蕴含着中华民族特有的思维方式、价值取向和精神品格，体现着中华民族顽强的生命力、丰富的想象力和巨大的创造力，是中华文化延续和传承的重要载体，不仅是我们国家和民族的骄傲，也是全人类的共同财富。

我们党和国家历来高度重视文化遗产保护工作。新中国一成立就把文化遗产保护和管理作为重要任务，采取了一系列有力举措。特别是改革开放以来，随着我国加入《世界遗产公约》，文化遗产的重要性及其保护实践受到了全社会的普遍关注。国家先后颁布和修订了《文物保护法》《非物质文化遗产法》等基本法规，对文化遗产及其保护工作以法律形式加以确认。我国积极参与世界遗产申报，逐步进入世界文化遗产大国行列。1987 年 12 月中国首次申报世界遗产时，仅有 6 项入选；2004 年有 28 项，而当时西班牙有 39 项，意大利有 38 项，法国有 29 项；到了 2018 年达到 53 项，仅次于意大利；到了 2019 年年底，中国就成为拥有世界遗产最多的国家。2004 年 2 月，文化部等单位联合下发《关于加强我国世界文化遗产保护管理工作的意见》，将"传承中华民族的优秀文化"确立为世界遗产保护管理的首要目的。同年，第二十八届世界遗产委员会大会在苏州召开，这是该会首次在中国举办，标志着我国文化遗产保护事业开始具有全球影响。第四十四届世界遗产委员会大会原定于 2020 年在福州召开，后因新冠肺炎疫情而暂时推迟。2005 年 12 月，国务院制定下发《关于加强文化遗产保护的通知》，决定每年 6 月的第二个星期六为"文化遗产日"（2017 年起调整为"文化和自然遗产日"）。从 2006 年开始，国家文物局连续几年组织"中国文化遗产无锡论坛"。但也要看到，在推进经济社会发展的过程中，文化遗产保护面临着许多前所未有的挑战，一些历史文化名城（街区、村镇）、古建筑、古遗址及风景名胜区的整体风貌遭到破坏，文物走私和非法交易、盗窃和盗掘古遗址古墓葬等违法犯罪活动时有发生，许多具有民族或区域特色的文化遗产面临消亡或失传的危险，加强文化遗产保护迫在眉睫、刻不容缓。

国家图书馆展出《永乐大典》

进入新时代，以习近平同志为核心的党中央一再强调要像"爱惜自己的生命一样"保护好文化遗产。党的十九大报告明确提出，要"加强文物保护利用和文化遗产保护传承"**30**。这些年来，各级党委政府全面贯彻"保护为主、抢救第一、合理利用、加强管理"的工作方针，大力加强文化遗产保护的宣传教育，全面摸清了本地区、本单位文化遗产底数。采取一系列有力措施，深入做好文化遗产保护各项工作，包括整理出版中华文化典籍、抢救和保护各种文物、保护历史文化名地和历史建筑、实施非物质文化遗产传承发展工程，等等。在保护好文化遗产的同时，注重挖掘文化遗产所蕴藏的经济、文化价值，合理进行开发利用，使文化遗产保护成果更多惠及人民群众。探寻让文化遗产"活起来"的方法路径，着重从精神资源角度对文化遗产进行再阐发、再挖掘和再转化，让文化遗产从典籍、考古、博物馆，从民间、大众以及历史中走出来、活起来，探索和找到了传统文化进入当代生活的新途径。不仅形成了文化遗产工作体系，而且健全完善了法律法规和政策体系；不仅具备了科学先进的遗产保护理念，而且建立了一整套文化遗产保护管理的原则和标准；不仅全社会的保护意识明显增强，而且保护利用传承发展的水平不断提高。文化遗产工作在传承中华优秀传统文化、服务经济社会发展方面发挥了重要作用，我国在国际文化遗产保护领域的话语权和影响力与日俱增。

——**加强中华优秀传统文化的宣传教育**。中华优秀传统文化是国家的、民族的，也是每一个中国人的。传承发展中华优秀传统文化，离不开全体中华儿女的共同参与。因此，必须重视搞好中华优秀传统文化全方位、多层次的宣传教育，通过各种途径，使其走进千家万户、贴近亿万百姓，形成浓厚舆论氛围和良好社会环境，使中华优秀传统文化在中华大地和人民群众心中深深扎下根来。

重视发挥国民教育体系的重要作用。学校是人们接受教育的主要场所，也是文化传承的重要途径。一个时期以来，学校教育对传统文化的内容重视不够，涉猎不多，致使不少青年学生对传统文化日益陌生，甚至渐行渐远。因此，必须围绕立德树人目标，遵循学生认识规律和教育教学规律，按照一体化、分学段、有序推进的原则，把中华优秀传统文化全方位融入思想道德教育、文化知识教育、艺术体育教育、社会实践教育各环节，贯穿于启蒙教育、基础教育、职业教育、高等教育、继续教育各领域。尤其要通过构建传统文化课程和教材体系、加强相关学科建设、丰富和拓展具有民族特色的校园文化等举措，让青年学生了解和感悟传统文化中浓郁的家国情怀、强烈的忧国之思、壮烈的爱国之举，使他们树立起振兴中华、匹夫有责的情怀与担当；了解和感悟传统文化中崇德向善、孝悌忠信、自强不息、以德化人等人文情怀，修养出正直、顽强、善良等优秀的品格；了解和感悟传统文化中的做人智慧和思想真谛，培育出自强不息的奋斗意识、厚德载物的包容心态、和谐持中的哲理思想，从而能够以优秀品质和健康人格走向社会、服务国家。为使中小学生全面了解和掌握中华优秀传统文化，纠正一些地方任意压减中小学教材中传统文化内容的偏向，从 2019 年秋季学期开始，国家对九年制义务教育的"语言""历史""思想道德"等 3 门公共课统一采用全国统编教材，其中传统文化的内容约占 30%，1—12 年级需背记的古诗文有 208 篇，受到了社会各界的欢迎和好评。

重视发挥家庭教育的重要作用。家庭是人生的第一个课堂，家庭教育

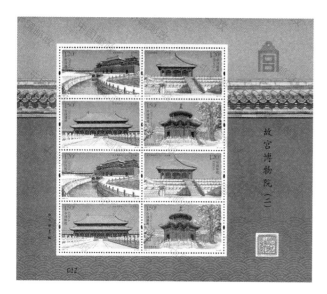

2020 年是紫禁城建成 600 年，发行《故宫博物院》特种邮票，传承弘扬中华优秀传统文化

是对人的一生影响最深的教育。中国人一向重视家庭，素有"天下之本为国，国之本为家，家之本为身"之说；历朝历代出现了各种层次的家训、家规、家风，留下许多传世佳话。进入新时代，习近平总书记强调，要"发扬光大中华民族传统家庭美德，促进家庭和睦，促进亲人相亲相爱，促进下一代健康成长，促进老年人老有所养，使千千万万个家庭成为国家发展、民族进步、社会和谐的重要基点"[31]。《中共中央关于制定国民经济和社会发展第十四个五年规划和二〇三五年远景目标的建议》强调，要"加强家庭、家教、家风建设"[32]。传承发展中华优秀传统文化，必须从搞好家庭教育、树立良好家风做起，使每位家庭成员特别是青少年从中传承优秀文化传统、提升思想道德境界。

重视发挥社会教育的重要作用。广义的社会教育，是指有意识地培养人、促进人的身心健康发展的各种社会活动；狭义的社会教育，则是指学校和家庭以外的社会文化机构及社团组织对社会成员所进行的教育。在我国，社会教育的机构平台主要有文化馆（站）、青（少）年宫、图书馆、博物馆、纪念馆、群艺馆、美术馆、影剧院，以及各种教育基地、旧址遗迹和社会上举办的各种学习培训班、讲座报告会、重要纪念活动等。社会教育形式多样、生动形象、覆盖广泛，具有其他教育不可比拟的特殊优势，在传承发展中华优秀传统文化方面具有不可替代的独特作用。这些年来，不少文化单位、机构和组织在这方面积极作为、成效显著。比如，故宫博物院系统梳理藏品、持续推进文物建筑修缮、不断扩大开放场所、积极创新文化产品，让600年的故宫焕发了新的魅力，接待参观人数持续增加，2018 年首次突破 1700 万人次，其中年轻人成为参观的主力军。弘扬优秀传统文化，应当充分利用丰富的社会教育资源，积极挖掘潜力、统筹计划安排，让更多人了解和感受到中华优秀传统文化的博大精深，形成与国民教育、家庭教育相呼应相配合的格局。

重视发挥现代传播手段的重要作用。文化需要传播才能体现价值、产生效益。现代传播手段如广播、电视、网络等的广泛运用，极大地提升了人类社会的信息传播能力，为中华优秀传统文化的传播插上了高科技翅膀。比如，中央电视台开播的《百家讲坛》是一档普及中国传统文化的栏目，播出后不仅获得了很高的收视率，而且在海内外掀起了一股"读史热""国学热""论语热"。《中国诗词大会》是首档全民参与的大型诗词文化类竞赛节目，节目以精巧的环节设计和多屏传播等技术手段，有效提升了趣味性、观赏性和参与性，使人们对中华诗词文化产生了浓厚兴趣，有力推动了中华古典文学的民间普及。现在，各种传统媒体和新兴媒体互相依托、互相补充，已经成为影响人们思想和行为的重要手段。要进一步拓展报纸书刊的文化传播功能，增强广播电视电影的传统文化含量，运用互联网平台推介传统文化，使不同文化程度、不同生活背景的群众都能通过便捷、新颖、鲜活的方式，领略到中华文化的独特风采，增强对中华优秀传统文化的向心力。

**——推动中华优秀传统文化全方位融入生产生活**。生产生活既是文化的源泉，也是文化的载体。离开了人们的生产生活实践，文化就是水上浮萍、空中楼阁。中华优秀传统文化是人民群众在千百年来日常生产生活实践中创造和形成的，只有回到日常生产生活中，才能找到其生存发展的深厚根基，展示其独特价值，才能使其拥有长盛不衰的生命力。从一定意义上讲，中华传统文化能否在现代社会焕发生机，关键看它是否适应和影响现实生活。新时代传承和发展中华优秀传统文化，必须在立足日常、扎根实践上做文章，把传统文化全方位融入社会实践的各个方面，让传统文化从书本馆舍走到群众身边，转化为人们日常生产生活不可或缺的组成部分，让中华优秀传统文化在实践沃土中扎稳根基、获得滋养，真正实现接地气、活起来、传下去。这方面空间广阔，大有可为。

比如，在城市建设中延续传统文脉。城市是人类社会发展的产物，每个城市在其形成发展的历程中，都留下了人们生活和创造的痕迹印记，体现着当时当地人们的哲学思想、道德观念、生活方式和创造成就，构成了其特有的文化血脉。城市文脉凝结着一个城市的历史记忆，让一个城市有了与众不同的内涵和气质，使其更加生动隽永、厚重深刻。以北京为例，宫廷建筑、皇家园林、胡同院落、士林交际、市井生活等，共同融汇构成了这座古城的独特文脉。随着我国经济社会的快速发展，城市正在发生着日新月异的变化，一些承载人们记忆、撩动人们乡愁的传统建筑、历史街区、生活样态都在不断变化甚至消失。事实证明，一个城市的文脉是城市生命的有机组成部分，文化底蕴毁掉了，城市建得再新再好，也会缺乏生机活力。只有保持鲜活历史文脉的城市，才是有灵魂、有乡愁、有记忆的城市。习近平总书记对城市文脉的传承延续极为重视，多次强调"历史文化是城市的灵魂，要像爱惜自己的生命一样保护好城市历史文化遗产"**33**。因此，在城市建设发展中，要把老城区改造、新城区设计同保护历史遗迹、保存历史文脉统一起来，既要改善人居环境，又要保护历史文化底蕴，使历史文化和现代生活融为一体。如老北京的一个显著特色是胡同，就要注意保留胡同特色；杭州自然景色优美、历史文化厚重，就要注意使人们在欣赏湖光山色、美景美食的同时，感受良渚文化、丝绸文化、茶文化的深意韵味。

又比如，振兴和光大中华传统节日。中华民族在几千年的生息繁衍中，创造了众多节日，《中国民族节日大全》中收录的节日有 1587 个，《中国节日志》中立项的节日有 120 个左右，其中传统节日占有相当比重。这些节日凝结着民族的思想精华，承载着民众的精神信仰，是中华优秀传统文化的重要载体和标识，也是维系国家统一、民族团结、社会和谐的重要情感和精神纽带。随着时代的发展，特别是受生活节奏加快及商业化等因素影响，传统节日的文化意义呈现出淡化趋势，一些传统节日也与人们渐行渐远。与此同时，一些西方节日则日趋流行，甚至受到盲目追捧。这些年来，国家充分肯定传统节日的价值与意义，不断出台政策、采取措施，积极促进传统节日的传承与振兴。2005 年，中宣部等单位联合发布《关于运用传统节日弘扬民族文化的优秀传统的意见》，从国家层面高度评价了传统节日的重要价值；2006 年，春节、清明节、端午节、七夕节、中秋节、重阳节等六大传统节日被列入第一批国家级非物质文化遗产名录；2007 年，国务院正式将清明节、端午节、中秋节纳入国家假日体系，对整个社会生活产生了深远影响；《关于实施中华优秀传统文化传承发展工程的意见》明确提出，"实施中国传统节日振兴工程，丰富春节、元宵、清明、端午、七夕、中秋、重阳等传统节日文化内涵，形成新的节日习俗"。2019 年 1 月，中宣部、中央文明办在《关于组织开展 2019 年传统节日文化活动的通知》中要求，以重要传统节日为重点，精心设计、深入开展各种文化活动，引导广大群众在积极参与中体验节日习俗、展现中国精神、增进文化自信，焕发爱党爱国爱社会主义的巨大热情。所有这些，不仅为全社会如何看待传统节日提供了正确导向，同时也极大地激发了民众过好传统节日的热情。传承发展中华优秀传统文化，必须抓住传统节日这个载体和抓手，秉承"长中国人的根、聚中国人的心、铸中国人的魂"这一宗旨，大力加强传统节日文化的普及宣传，深入挖掘传统节日的文化内涵和精神价值，广泛开展形式多样的群众性节日活动，让人们特别是年轻一代对传统节日有更多了解，从传统节日中感受传统文化魅力，使传统节日成为每个中国人的美好向往和难忘记忆。

此外，营建能留住乡愁的乡村文化生态、重焕"中华老字号"风采、打造中华传统礼仪的当代版、弘扬传统家风家规文化、开启神奇的中医药宝库、发展民族传统体育等，也都是结合生产生活实践弘扬传统文化的有效途径。总之，就是要通过扎扎实实的努力，让人民群众的衣食住行充溢民族文化气息，体现出鲜明的民族特色。

## 五、继承革命文化

革命文化，从最宽泛的含义上讲，是指中国进入近代之后，中国人民在历次革命运动(包括旧民主主义革命、新民主主义革命、社会主义革命和建设，以及改革开放新的伟大革命)中所创造和形成的带有革命性质的文化形态。通常特指五四运动和中国共产党成立之后，中国人民在中国共产党领导和马克思主义指导下进行新民主主义革命、社会主义革命和建设，以及改革开放中所创造和形成的文化形态。有时也专门特指中国人民在新民主主义革命期间所创造和形成的文化形态，即革命战争年代所产生的文化。革命文化是中华文化的重要内容，是中国特色社会主义文化的有机组成部分。

——**革命文化的本质特征是"革命性"**。这种"革命性"是与革命运动相伴而生的。"革命"的含义有广义和狭义之分：狭义的革命专指暴力革命，毛泽东说"革命是暴动，是一个阶级推翻一个阶级的暴烈的行动"**34**，即是指此义；广义的革命则泛指变革，包括一切旨在打破旧秩序、改变现有社会状况、推动社会发展进步的社会实践活动。革命通常是由革命组织发起和领导的，既要革命就要有一个革命党。中国共产党自成立之日起就是名副其实的"革命党"，新中国成立后，中国共产党成了执政党，但它的革命党性质并没有改变，它所领导的社会主义革命和建设，以及改革开放，依然都还是带有鲜明革命性质的伟大社会运动。从这个意义上讲，"革命正未有穷期"，革命文化从 1840 年产生后一直延续到今天，而且还将会继续延续和发展下去。在现实生活中，革命文化的革命性，通常用红色这种视觉符号来形象表达。红色是鲜血的颜色，象征着革命需要艰苦斗争直至流血牺牲；红色又代表着成功和胜利，象征着革命必将取得最后胜利。早在 1919 年，李大钊就在《新青年》上预言："试看将来的环球，必是赤旗的天下！"1928 年 5 月，"工农革命军第四军"在井冈山正式更名为"工农红军第四军"，用"红军"替代了"革命军"；1928 年 10 月，毛泽东写下了著名的《中国的红色政权为什么能够存在?》用"红色政权"指代"革命政权"；共产党和人民军队所打出的旗帜是红旗，革命队伍所使用的标志物是红五星、红领章、红袖标。习近平总书记指出："共和国是红色的，不能淡化这个颜色。无数的先烈鲜血染红了我们的旗帜"。**35** 基于此，革命文化又常被称为"红色文化"。

　　**——传承和发扬革命精神**。革命精神是革命文化的基本形态和主体内容。在长期革命斗争中，中国共产党和中国人民形成了一整套革命精神。其中最为突出的有：战争年代形成的以"开天辟地、敢为人先，坚定理想、百折不挠，立党为公、忠诚为民"为主要内涵的"红船精神"；以"坚定执着追理想、实事求是闯新路、艰苦奋斗攻难关、依靠群众求胜利"为主要内涵的"井冈山精神"；以"坚定信念、求真务实、一心为民、清正廉洁、艰苦奋斗、争创一流、无私奉献"为主要内涵的"苏区精神"；以"把全国人民和中华民族的根本利益看得高于一切，坚定革命理想和信念，坚信正义事业必然胜利的精神；为了救国救民，不怕任何艰难险阻，不惜付出一切牺牲的精神；坚持独立自主、实事求是，一切从实际出发的精神；顾全大局、严守纪律、紧密团结的精神；紧紧依靠人民群众，同人民群众生死相依、患难与共、艰苦奋斗的精神"为主要内涵的"长征精神"；以"坚定正确的政治方向，解放思想、实事求是的思想路线，全心全意为人民服务的根本宗旨，自力更生、艰苦奋斗的创业精神"为主要内涵的"延安精神"；以"天下兴亡、匹夫有责的爱国情怀，视死如归、宁死不屈的民族气节，不畏强暴、血战到底的英雄气概，百折不挠、坚忍不拔的必胜信念"为主要内涵的"抗战精神"；以"谦虚谨慎、艰苦奋斗，敢于斗争、敢于胜利，依靠群众、团结一致"为主要内涵的"西柏坡精神"；社会主义革命、建设和改革时期形成的以"热爱党、热爱祖国、热爱社会主义的崇

抗美援朝战场上的王海大队：敢打必胜，有我无敌

高理想和坚定信念，服务人民、助人为乐的奉献精神，干一行爱一行、专一行精一行的敬业精神，锐意进取、自强不息的创新精神，艰苦奋斗、勤俭节约的创业精神"为主要内涵的"雷锋精神"；以"万众一心、众志成城，不怕困难、顽强拼搏，坚韧不拔、敢于胜利"为主要内涵的"抗洪精神"；以"热爱祖国、无私奉献，自力更生、艰苦奋斗，大力协同、勇于登攀"为主要内涵的"两弹一星精神"；以"特别能吃苦、特别能战斗、特别能攻关、特别能奉献"为主要内涵的"航天精神"；以"生命至上、举国同心、舍生忘死、尊重科学、命运与共"为主要内涵的"抗疫精神"；以"祖国和人民利益高于一切、为了祖国和民族的尊严而奋不顾身的爱国主义精神，英勇顽强、舍生忘死的革命英雄主义精神，不畏艰难困苦、始终保持高昂士气的革命乐观主义精神，为完成祖国和人民赋予的使命、慷慨奉献自己一切的革命忠诚精神，为了人类和平与正义事业而奋斗的国际主义精神"为主要内涵的"抗美援朝精神"；等等。这些精神紧密联系、各具特色，构成了一个完整系统的革命精神谱系，需要我们认真总结、精心提炼和不断升华。

传承和发扬革命精神是推进革命事业的重要保证。革命精神是党和人民在革命实践中的伟大创造，也是弥足珍贵的精神财富。毛泽东早就指出，人是要有一点精神的。他认为，有了革命精神，就能从根本上激发全党全军和全国人民的积极性创造性，产生强大而持久的精神动力，从而战胜一切强大敌人和一切艰难险阻。他在总结解放战争经验时曾深刻指出："我军虽在数量上少于敌人几倍，但在战斗力上优于敌人，尤其是在精神上压倒敌人，敌人极怕我们，我们不怕敌人。" **36** 新中国成立后又多次提出："我们要保持过去革命战争时期的那么一股劲，那么一股革命热情，那么一种拚命精神，把革命工作做到底。" **37** 1965 年 5 月他在重上井冈山时，深情回顾了当年红军在罗霄山脉艰苦奋斗的历史，谆谆告诫周围的同志，"日子好过了，艰苦奋斗的精神不要丢了，井冈山的革命精神不要丢了" **38**。他还倡导全军发扬"一不怕苦、二不怕死"的革命精神。邓小平明确提出，新时期要继续发扬"五种革命精神"即"革命和拼命精神、严守纪律和自我牺牲精神、大公无私和先人后己精神、压倒一切敌人和压倒一切困难的精神、坚持革命乐观主义和排除万难去争取胜利的精神"。进入新时代，前进道路上仍然面临着各种艰难险阻，仍然需要大力传承和发扬革命精神。习近平总书记强调指出："不忘初心、牢记使命，就不要忘记我们是共产党人，我们是革命者，不要丧失了革命精神。" **39** "实现中国梦必须弘扬中国精神。这就是以爱国主义为核心的民族精神，以改革创新为核心的时代精神。这种精神是凝心聚力的兴国之魂、强国之魂。" **40** 党和人民在各个历史时期奋斗中形成的革命精神作为中国精神在特定历史时期的体现与升华，无论过去、现在还是将来都具有不可替代的重要作用，它们是中国共产党带领全国各族人民继续走好新时代长征路的精神力量源泉，必须紧密结合时代特点，使其得到有效传承和发扬光大。

——**保护和利用革命文物**。革命文物是指与革命运动有关的各类文物，是革命文化的基本形态即物质形态的革命文化。在《中华人民共和国文物保护法》所规定的文物范围中，革命文物是一个重要部分。凡是与中国历次革命运动、重大历史事件、著名人物有关的以及具有重要纪念意义、教育意义或者史料价值的近现代重要史迹、实物、遗址、代表性建筑、文献资料及手稿、图书，都属于革命文物之列。中国一百多年艰苦卓绝的革命斗争，为后人留下了大量革命文物。它分布于全国各地及各个领域，内容十分丰富、种类相当齐全。比如，井冈山斗争时期留下的革命文物，不仅包括红军击退来犯之敌所用的武器弹药等实物，而且包括茅坪、茨坪等革命旧址建筑群，还包括毛泽东等老一辈革命家所撰写的著作文稿，以及当年根据地党政军民留下的各种书刊、文件、标语、口号等文图资料等。

革命文物具有十分重要的文化价值。作为中国革命历史的重

于都县中央红军长征出发纪念馆的墙壁上，有一幅由 80 双草鞋组成的中国地图

要物证，它不仅是中国共产党和中国人民革命精神的主要载体，而且也是中华民族文化遗产的有机组成部分。只有把凝结着革命传统和革命精神的革命文物保护好、管理好、研究好、利用好，充分发挥其传史育人的作用，才能有效传承红色基因、赓续革命血脉；也才能保持中华文化的连续性和完整性。如同保护利用其他文物一样，保护和利用革命文物同样功在当代、利在千秋。

全面提高对革命文物的保护利用水平。这些年来，党和政府在这方面提出一系列明确要求，各地各级做了大量卓有成效的工作。进入新时代，保护和利用革命文物遇到许多新情况新问题，迫切需要进一步加大工作力度、持续科学推进。一是实施革命文物保护利用工程。包括：建设革命文物资源目录和大数据库；完善馆藏革命文物普查建档制度；在更大范围内发现和征集革命文物；立项修复革命遗址、遗迹、遗存等，目的就是要进一步摸清革命文物的底数，使其得到精准掌握、全面保护和充分利用。二是建好管好革命文化纪念地。各级各类革命博物馆、纪念馆、烈士纪念设施，在传承红色基因、传播革命文化方面具有独特作用，许多革命文化纪念地已成为面向全社会开展革命传统教育、弘扬革命精神的重要基地。2020 年 9 月 1 日，国务院公布了第三批抗战纪念设施和遗址名录，使这个层面的抗战纪念设施和遗址总量达到了 160 处。但由于种种原因，目前一些具有重要革命历史意义、起到重要节点作用的革命博物馆、纪念馆和烈士陵园还不同程度地存在着功能设施滞后、经费保障不足、管理和研究人才匮乏等问题，必须进一步加强统筹协调、给予重点扶持、强化运营管理，使其更好地发挥出传史育人的功能。三是加强革命文献的建档、编修和研究。尤其是要对中共党史、新中国史的丰富文献资料和相关档案进行系统整理和编修，使其不断丰富完善，并逐步扩大对社会开放范围。四是建设与革命文化相关的文化公园。2019 年 9 月，中共中央办公厅、国务院办公厅印发《长城、大运河、长征国家文化公园建设方案》，首批确定了三个国家文化公园，"长征文化公园"就是其中之一。长征国家文化公园以中央红军长征线路为主，兼顾红二、四方面军和红二十五军长征线路，涉及福建、江西、河南等 15 个省区市，计划用 4 年左右时间基本完成建设任务，主要包括：沿线革命文物和文化资源的保护、传承和利用；长征精神的深入研究和系统阐发；《长征之歌》电视专题片的拍摄；等等。各地区按照长征国家文化

游客在延安枣园革命旧址前体验"纺纱"

公园的基本精神和要求，根据当地革命文化的现实资源状况，正在论证建设一批主题鲜明、内涵丰富、特色突出的地区性文化公园，以此来牵引和带动革命文物保护工作，形成对革命文物、遗址、文献的综合性保护和利用。

——**发展和完善红色旅游**。红色旅游是以革命文物、遗址和纪念设施及其所承载的革命精神为内涵，以现代旅游为手段，组织接待游客进行参观游览，从中学习革命历史知识、接受革命精神教育、增长阅历、强健身心的旅游活动。近年来，红色旅游在各地蓬勃兴起，受到了各界群众的广泛欢迎，产生了显著的经济和社会效益，成为传播和弘扬革命文化的重要载体和有效途径。如井冈山、古田、延安等革命纪念地的系列参观教育、长征沿线以"重走长征路"为特色的深度体验游和红色研学旅行等，都已经形成品牌并在各类游客中持续升温。发展红色旅游，必须坚持把社会效益放在首位，努力实现社会效益和经济效益相统一，而不能简单算经济账，片面追求经济收入，更不能把红色旅游搞成游戏娱乐，造成负面影响。要重点打造一批全国红色旅游精品线路经典景区，集中展现革命文化的整体标识，产生更大的影响感召力。

## 六、发展社会主义先进文化

社会主义先进文化是指新中国完成社会主义改造、社会主义制度在中国建立起来、中国进入社会主义社会之后，中国共产党领导全国各族人民在社会主义建设实践中所创造和形成的文化形态。

它是中华文化的重要内容，与革命文化一起，共同构成了中国特色社会主义文化的主体内容。

**——社会主义先进文化的鲜明特征是"社会主义性"和"先进性"**。前者主要体现在：社会主义先进文化植根于中国特色社会主义伟大实践，以马克思主义为指导，以社会主义核心价值观为灵魂，以培育有理想、有道德、有文化、有纪律的社会主义公民为目标，以建设社会主义文化强国为方向，坚持为人民服务、为社会主义服务，坚持百花齐放、百家争鸣，努力推动社会主义精神文明和物质文明协调发展。后者主要体现在：社会主义先进文化始终坚守中华文化立场，始终代表着先进文化的前进方向，始终面向现代化、面向世界、面向未来，是民族的科学的大众的文化。在整个社会主义初级阶段，社会主义先进文化都将存在和延续下去，并始终是全社会的主体文化，直到进入社会主义高级阶段即共产主义社会后，它才会发展和转化成为更高层次的共产主义文化。新时代发展中国特色社会主义文化，最重要和最本质的，就是发展社会主义先进文化，这是推进中国特色社会主义事业的必然要求。习近平总书记指出："中国特色社会主义是全面发展、全面进步的伟大事业，没有社会主义文化繁荣发展，就没有社会主义现代化。"**41** 统筹推进"五位一体"总体布局、协调推进"四个全面"战略布局，文化是重要内容；推动高质量发展，文化是重要支点；满足人民日益增长的美好生活需要，文化是重要因素；战胜前进道路上各种风险挑战，文化是重要力量源泉。无论是引领风尚、教育人民，还是服务社会、推动发展，社会主义先进文化都具有不可替代、不可忽视的重要作用。因此，必须以高度的政治责任感和文化使命担当，把社会主义先进文化建设摆在事关全局的重要位置，下大力气把它发展好，为推进中国特色社会主义事业创造条件、提供保证。

——**建设具有强大凝聚力和引领力的社会主义意识形态**。意识形态决定着文化前进方向和发展道路。发展社会主义先进文化，首先必须牢牢掌握意识形态工作领导权，积极推进马克思主义中国化时代化大众化，使全体人民在理想信念、价值理念、道德观念上紧紧团结在一起。党的十八大以来，党中央先后召开全国宣传思想工作会议、党的新闻舆论工作座谈会、文艺工作座谈会、党校工作座谈会、网络安全和信息化工作座谈会、哲学社会科学工作座谈会、学校思想政治理论课教师座谈会等一系列重要会议，习近平总书记多次发表重要讲话，就做好意识形态工作提出明确要求。中共中央办公厅、国务院办公厅印发了《关于深化新时代学校思想政治理论课改革创新的若干意见》等重要文件，作出重大部署。各级各部门采取了一系列措施，多管齐下、综合施策，有力扭转了意识形态领域一度出现的被动局面。当前，意识形态工作最为重要的任务，就是加强理论武装，推动习近平新时代中国特色社会主义思想深入人心。要深入开展理想信念教育，推动这一教育常态化制度化。加强党史、新中国史、改革开放史、社会主义发展史教育，加强爱国主义、集体主义、社会主义教育，引导人们坚定道路自信、理论自信、制度自信、文化自信，促进全体人民统一思想认识，建立共同信念。要严格落实意识形态工作责任制，加强阵地建设和管理，注意区分政治原则问题、思想认识问题、学术观点问题，旗帜鲜明反对和抵制各种错误观点。

**——培育和践行社会主义核心价值观。**社会主义核心价值观是社会主义先进文化的核心内容，是中国精神的集中体现和时代表达，凝结着全体中国人民共同的价值追求。发展社会主义先进文化，必须努力培育和践行社会主义核心价值观。党的十八大从国家、社会、公民等三个层面明确提出，要倡导富强、民主、文明、和谐，倡导自由、平等、公正、法治，倡导爱国、敬业、诚信、友善，积极培育和践行社会主义核心价值观。习近平总书记在多个场合对社会主义核心价值观的重大意义和科学内涵进行阐发和揭示，强调要坚持以社会主义核心价值观引领文化建设。2013 年 12 月，

2015 年 11 月 29 日，中国邮政发行《图说我们的价值观》特种邮票，印有社会主义核心价值观 12 个主题词

中共中央办公厅印发《关于培育和践行社会主义核心价值观的意见》。2014 年 2 月，中央政治局就培育和弘扬社会主义核心价值观、弘扬中华传统美德举行集体学习。党的十九大把培养担当民族复兴大任的时代新人作为培育和践行社会主义核心价值观的着眼点。近年来，在社会主义核心价值观的引领下，勤俭节约、孝老爱亲、诚信教育、公益行动、学雷锋志愿服务、文明旅游等主题实践活动蓬勃开展，与文明城市、文明村镇、文明单位、文明家庭、文明校园等群众性精神文明创建活动同频共振，使社会主义核心价值观日益深入人心，成为百姓日用而不觉的行为准则。亿万中华儿女在社会主义核心价值观的旗帜下，熔铸起实现中国梦的强大精神支柱，以实际行动印证了"人民有信仰、国家有力量、民族有希望"。培育和弘扬社会主义核心价值观是一个持之以恒、久久为功的过程，必须在落细、落小、落实上下功夫，把思想教育与社会孕育、内化于心与外化于行有机结合起来，通过教育引导、实践养成、制度保障，使社会主义核心价值观深度融入社会发展各方面，充分发挥出导向和引领作用。必须全民行动、干部带头，从家庭做起，从娃娃抓起，把社会主义核心价值观真正转化为全体人民的情感认同和行为习惯。

——**加强社会主义思想道德建设**。社会主义先进文化，突出反映在人民群众的思想道德水平上。发展社会主义先进文化，必须下大力提高全体人民的思想觉悟、道德水准、文明素养，提高全社会的文明程度。一是要深入实施公民道德建设工程，推进社会公德、职业道德、家庭美德、个人品德建设，激励人们向上向善、孝老爱亲，忠于祖国、忠于人民。二是要加强和改进思想政治工作，深化群众性精神文明创建活动。三是要弘扬科学精神，普及科学知识，开展移风易俗、弘扬时代新风行动，抵制腐朽落后文化侵蚀。四是要推进诚信建设和志愿服务制度化，强化社会责任意识、规则意识、奉献意识，努力培养有理想、有道德、有文化、有纪律的社会主义公民。

——**繁荣发展社会主义文艺**。文艺是民族精神的火炬，是时代前进的号角，最能代表一个时代的风貌，也最能引领一个时代的风气。鲁迅先生曾说，要改造国人的精神世界，首推文艺。习近平总书记也指出："古往今来，世界各民族无一例外受到其在各个历史发展阶段上产生的文艺精品和文艺巨匠的深刻影响。"**42** 社会主义文艺作为社会主义先进文化的重要内容和表现形式，对全社会有着巨大的引领和影响作用。近年来，在党和政府的重视和关心下，文艺工作取得了长足进展。2014 年 10 月 15 日，习近平总书记主持召开文艺工作座谈会并作重要讲话，就如何繁荣社会主义文艺提出了一系列重要思想。2015 年 10 月，中共中央专门印发了《关于繁荣发展社会主义文艺的意见》。

《战狼 II》获评 2017 中国—东盟电影节最佳影片

按照这些思想和部署，广大文艺工作者积极投身于文艺事业和产业的发展之中，我国文艺创作生产的形势向上向好，先后涌现了《人民的名义》《战狼II》《红海行动》等一大批优秀作品，受到了人民群众的欢迎，凸显了文艺强大的正能量。但是也要看到，在思想活跃、观念碰撞、文化交融的背景下，文艺领域还存在着价值扭曲、浮躁粗俗、娱乐至上、唯市场化等问题，价值引领的任务十分艰巨；文艺创作生产还存在着有数量缺质量、有"高原"缺"高峰"、抄袭模仿、千篇一律、粗制滥造等问题，推出精品力作的任务依然繁重；文艺评论还存在着缺席缺位、对优秀作品推介不够、对不良现象批评乏力等问题，辨善恶、鉴美丑、促繁荣的作用有待强化。因此，当代中国文艺必须担当起"举精神旗帜、立精神支柱、建精神家园"的崇高使命，大力繁荣文艺创作，积极推动文艺创新，全面弘扬中国精神、传播中国价值、凝聚中国力量。社会主义文化本质上是人民的文艺，必须坚持以人民为中心的创作导向，坚持面向基层、服务群众，在深入生活、扎根人民中进行无愧于时代的文艺创造，在激发人民创造活力的基础上繁荣群众文艺。要坚持为社会主义服务的根本方向，始终把思想精深、艺术精湛、制作精良统一起来，重点加强现实题材创作，不断推出讴歌党、讴歌祖国、讴歌人民、讴歌英雄、讴歌时代、讴歌社会主义的精品力作。要倡导讲品位、讲格调、讲责任，坚决抵制各种低俗、庸俗、媚俗现象。

## 七、提高国家文化软实力

文化软实力是一个国家、民族基于自身文化而具有的凝聚力和生命力，以及由此产生的对外部的吸引力和影响力。党的十九大在谋划和部署社会主义文化建设时，明确提出了"提高国家文化软实力"的重大任务。这是构筑中华民族精神家园的战略举措，直接关系到我国在世界文化格局中的定位，关系到我国的国际地位和国际影响力，也关系到中华民族伟大复兴中国梦的实现。树立正确文化观，必须准确理解和把握"提高国家文化软实力"的各项要求，并努力将其落到实处。

——**积极推动文化事业和文化产业繁荣发展**。国家文化软实力"形于中"而"发于外"。提高这一力量，首先要激发全民族文化创新创造活力，大力发展文化事业和文化产业，进一步把中华文化建设好、搞强大。只有国家的整体文化实力和竞争力增强了，才能既为人民提供更加丰富的精神食粮，又为对外文化传播交流提供更为充实的资源力量。

发展文化事业，重点是提高全社会的公共文化服务水平。要坚持政府主导、社会参与、重心下移、共建共享，进一步完善公共文化服务体系，提高公共文化服务的覆盖面、适用性和实际水平，推动公共文化服务标准化、均等化。尤其是要深入推进城乡公共文化服务体系一体建设，优化城乡文化资源配置，最大限度地缩小城乡公共文化服务差距。要全面繁荣新闻出版、广播影视、文学艺

第十五届中国（深圳）国际文化产业博览交易会，共吸引来自全球 103 个国家和地区的 2.1 万余名海外展商前来参会、参展和采购

术、哲学社会科学等各项事业，以此来更好地保障人民文化权益，让人民享有更加充实、更为丰富、更高质量的精神文化生活，同时也使整个国家的文化水平和层次不断得到提升。

　　发展文化产业，重点是提高文化产品生产的质量和效益。要坚持把社会效益放在首位、社会效益和经济效益相统一，进一步深化文化体制改革，完善文化经济政策，使文化产业发展与文化事业发展有机结合起来，实现相互配合、相得益彰，既满足人民文化需求，又增强人民精神力量。要健全现代文化产业体系和市场体系，推动各类文化市场主体发展壮大，积极培育新型文化业态和文化消费模式，创新文化产品生产经营机制，不断扩大优质文化产品供给。

近年来，我国的文化事业和文化产业快速发展，文化领域呈现出一派繁荣景象。突出表现在：文艺创作由"高原"向"高峰"迈进，各种文化产品丰富多彩。目前，我国的电视剧和图书年产量稳居世界第一，电影产量高居世界第二。仅 2020 年国庆中秋假期 8 天内，全国电影票房就达到 39.52 亿元，创下国内电影历史上国庆档票房第二名的佳绩。可以相信，有中华优秀传统文化、革命文化和社会主义先进文化作为坚实基础，我们一定能够在实践创造中进行新的文化创造，在历史进步中实现新的文化进步，始终走在世界文化发展的前列。

——**提高中华文化的国际影响力**。国家的文化软实力，对外集中表现为中华文化对其他国家和人民的吸引力、感召力和影响力。中华文化只有真正为世界所了解和接受，对世界的贡献才可能最大化。近年来，随着我国综合实力的增强和国际地位的提升，特别是"一带一路"倡议的提出和推进，国际社会了解认识中国的愿望日趋强烈，世界范围内的汉语热、中华文化热持续升温。70 个国家和地区将中文纳入国民教育体系，全球 8 万多所学校开展了中文教育，国外学习使用中文的人数超过 1 亿人。但也应当清醒地看到，中华文化的有效供给还远远不能满足国际受众的需求，中华文化的全球辐射力和国际影响力与我国现有的综合国力和国际地位还不相匹配，迫切需要进一步加大工作力度，增强实际效果。

新时代提高中华文化影响力，必须搭建独具特色、管用有效的国际性文化传播平台。比如，要继续办好孔子学院。自 2004 年

美国布莱恩特等五所大学孔子学院联合举办活动庆祝"孔子学院日"

世界上第一所孔子学院成立，截至 2018 年年底，全球已有 154 个国家和地区成立了 548 所孔子学院、1193 个中小学孔子课堂。在"一带一路"沿线，已有 54 个国家设立 153 所孔子学院和 149 个中小学孔子课堂，面授学院和网络注册学员逾 200 万人。**43** 以孔子学院为代表的全世界的汉语教学机构已经超过 7 万个，汉语传播网络覆盖了亚、非、欧、美洲 **44**。孔子学院在坚持汉语教学的同时，围绕中国五千年的历史和文明，普遍开设了武术、中医、茶艺、书法、绘画、中华美食、中国国学等课程，让学习者全面了解和亲身体会中华文化的博大精深。现在，孔子学院已成为中华文化对外传播的主阵地和大平台，以及中外文化交流互鉴的窗口。又比如，要高质量办好海外中国文化中心。1988 年，中国启动首批海外中国文化中心建设，从最初的毛里求斯和贝宁两个非洲国家起步，到2002年起进入快速发展阶段，截至2018年，已建成运营35个中国文化中心，其中包括"一带一路"沿线国家的16个[45]。2020年海外中国文化中心总数达到50个，初步形成覆盖全球主要国家和地区的中国文化对外传播推广网络，在推介中华文化、进行中外人文交流方面发挥了显著作用。通过各种类型的文化活动项目，有效增进了世界对中华文化的接触和理解。2016年和2017年，每个海外中国文化中心年均举办活动近百场，35个中国文化中心平均每年总的直接受众超过400万人次。[46]总之，把这些平台办好了，中国才能在国际文化领域逐步形成自己的文化话语权，让全世界能够全面准确地了解和理解中华文化。当前，中华文化海外传播平台的建设发展虽然在一些国家和地区暂时遇到了一些矛盾和困难，但其大方向是完全正确的，符合世界各国人民了解中华文化的现实需要，因而必定会克服困难，继续向前发展。

新时代提高中华文化影响力，必须下大力讲好中国故事，传播好中国声音，向世界展现真实、立体、全面的中国。这是提高中华文化影响力的基本途径，也是树立当代中国良好形象、提升国家文化软实力的重要战略任务。讲好中国故事，根本在于传播理念，以理服人，以情动人，以我为主，融通中外。中国故事包括古代中国的故事和当代中国的故事，其中后者更有现实意义和针对性。当代中国故事最精彩的主题，就是讲清楚中国共产党为什么"能"、马克思主义为什么"行"、中国特色社会主义为什么"好"。讲好中国故事，关键在于科学把握跨国界、跨文化传播规律，适应国外受众认知、理解、认同的心理特点，使中国故事具有中国立场、世界视角、国际化表达，与受众的关注点和认知程度相符合。比如，宣介中华优秀传统文化，要着重把优秀传统文化的精神标识提炼出来、展示出来，把优秀传统文化中具有当代价值、世界意义的文化精髓提炼出来、展示出来。传播优秀当代文化，要着重推动反映当代中国发展进步的价值理念、文艺精品、文化成果进入海外主流市场、影响主流人群。这样，才能把中国故事讲得愈来愈精彩，使中国声音愈来愈洪亮。

新时代提高中华文化影响力，必须重点传播好中华文化的代表性内容。要大力支持中华医药、中华烹饪、中华武术、中华典籍、中国文物、中国园林、中国节日等走出去，向世界推介更多具有中国特色、凸显中国精神、蕴含中国智慧、呈现中华魅力的文化项目；积极宣传介绍戏曲、民乐、书法、国画等中国优秀传统文化艺术，让国外民众在审美过程中获得愉悦、增进认同；加强对我国世界文化遗产和非物质文化遗产的活态展示和国际推介，发挥其体现和传播中华文化的载体作用；积极鼓励发展对外文化贸易，让更多体现中华文化特色优势、具有较强竞争力的文化产品走向国际市场、进入各国人民的生活。

——**加强中外文化交流互鉴**。国家文化软实力，不仅体现在中华文化自身的整体实力上，体现在中华文化对世界的感召力和影响力上，而且还体现在对各种外来文化的包容、吸纳和借鉴上。人类文明是由世界人民共同创造的，是世界各民族的共同财富。文明因多样而交流，因交流而互鉴，因互鉴而发展。在世界文化宝库中，没有哪一种文化是纯粹单一的文化，可以脱离其他文化而孤立存在，中华文化也不例外。只有在不同文化的交流互鉴中，不断吸收、借鉴异质文化的优秀成分，才能为中华文化源源不断地注入新鲜血液，使之更具生机和活力。从历史上看，中华文化从来都是在兼收并蓄、吸收借鉴各种外来文化精华中充实发展的。从对佛教的吸收改造，到对西方科技的学习运用，都体现了这种文明交流互鉴的理念和探索。20世纪初，马克思列宁主义作为一种来自国外的先进文化，进入中国后，很快便被中国的先进知识分子所接受，成为中国共产党的指导思想和中国人民的强大精神力量。当今世界，各国之间的联系越来越紧密，越来越成为你中有我、我中有你的命运共同体，不同文明的交流互鉴也日益成为各国人民的迫切愿望。我们要继续以开放胸怀和科学态度，更加积极主动地吸收和借鉴人类一切优秀文明成果，使其转化为中华文化的有机组成部分，成为中华文化向前发展的外部动力。近年来，我国与世界各国人文交流的范围不断拓展，内容日趋丰富，充分彰显了复兴大国开放包容的文化自信，也有效增强了中华文化的整体力量。今后，这方面的工作仍需深入推进、持续加强。要秉承和而不同、平等相待、兼收并蓄的理念，充分尊重世界文明的多样性，尊重各国人民的精神创造和文化传统，正视存在的差异和特色，最大限度地汲取每一种文化的精华，在交流互鉴中实现共同发展。要坚守中华文化立场，坚持以我为主、为我所用，和而不同、兼收并蓄，始终保持文明交流互鉴的正确方向和自信定力。我们要虚心学习借鉴人类社会创造的一切文明成果，但决不能数典忘祖，不能照抄照搬别国的发展模式，也绝不会接受任何外国颐指气使的说教。对外来文化要进行分析鉴别、取长补短、择善而从，既不盲目排外，也不简单拿来，更不能搞全盘西化。要牢牢守住国家文化安全底线，对外部文化中腐朽落后的内容，特别是那些旨在对我国进行渗透破坏的错误政治观点和社会思潮，必须严加防范、坚决抵制，决不能任其乘机而入、滋生蔓延。

### 注　释

1  《习近平谈治国理政》第一卷，外文出版社 2018 年版，第 106 页。

2  《习近平谈治国理政》第一卷，外文出版社 2018 年版，第 258 页。

3  《毛泽东选集》第二卷，人民出版社 1991 年版，第 663—664 页。

4  《习近平谈治国理政》第三卷，外文出版社 2020 年版，第 32 页。

5  《习近平关于社会主义文化建设论述摘编》，中央文献出版社 2017 年版，第 140 页。

6  《关于加强和改进新形势下高校思想政治工作的意见》，《人民日报》2017 年 2 月 28 日。

7  《习近平谈治国理政》第一卷，外文出版社 2018 年版，第 4 页。

8  《习近平谈治国理政》第一卷，外文出版社 2018 年版，第 164 页。

9  《习近平谈治国理政》第一卷，外文出版社 2018 年版，第 155 页。

10  《习近平谈治国理政》第一卷，外文出版社 2018 年版，第 158 页。

11  《习近平关于实现中华民族伟大复兴的中国梦论述摘编》，中央文献出版社 2013 年版，第 33 页。

**12**　习近平：《在纪念孔子诞辰 2565 周年国际学术研讨会暨国际儒学联合会第五届会员大会开幕会上的讲话》，人民出版社 2014 年版，第 14 页。

**13**　习近平：《出席第三届核安全峰会并访问欧洲四国和联合国教科文组织总部、欧盟总部时的演讲》，人民出版社 2014 年版，第 17 页。

**14**　《习近平谈治国理政》第一卷，外文出版社 2018 年版，第 3 页。

**15**　《习近平谈治国理政》第二卷，外文出版社 2017 年版，第 203 页。

**16**　《马克思恩格斯文集》第 8 卷，人民出版社 2009 年版，第 338 页。

**17**　《习近平谈治国理政》第二卷，外文出版社 2017 年版，第 203 页。

**18**　习近平：《在中国文联十大、中国作协九大开幕式上的讲话》，人民出版社 2016 年版，第 6 页。

**19**　《习近平谈文化自信》，《人民日报》（海外版）2016 年 7 月 13 日。

**20**　习近平：《论党的宣传思想工作》，中央文献出版社 2020 年版，第 90 页。

**21**　习近平：《在全国民族团结进步表彰大会上的讲话》，人民出版社 2019 年版，第 5 页。

**22**　习近平：《建设社会主义文化强国，着力提高国家文化软实力》，《人民日报》2014 年 1 月 1 日。

**23**　习近平：《在纪念孔子诞辰 2565 周年国际学术研讨会暨国际儒学联合会第五届会员大会开幕会上的讲话》，人民出版社 2014 年版，第 11 页。

**24**　《习近平谈治国理政》第三卷，外文出版社 2020 年版，第 32 页。

**25**　《习近平谈治国理政》第三卷，外文出版社 2020 年版，第 33 页。

**26**　中共中央办公厅、国务院办公厅：《关于实施中华优秀传统文化传承发展工程的意见》，《人民日报》2017 年 1 月 26 日。

**27**　习近平：《在纪念孔子诞辰 2565 周年国际学术研讨会暨国际儒学联合会第五届会员大会开幕会上的讲话》，人民出版社 2014 年版，第 12 页。

**28**　中共中央办公厅、国务院办公厅：《关于实施中华优秀传统文化传承发展工程的意见》，《人民日报》2017 年 1 月 26 日。

**29**　中共中央办公厅、国务院办公厅：《关于实施中华优秀传统文化传承发展工程的意见》，《人民日报》2017 年 1 月 26 日。

**30**　《习近平谈治国理政》第三卷，外文出版社 2020 年版，第 34 页。

**31**　《习近平关于社会主义文化建设论述摘编》，中央文献出版社 2017 年版，第 126 页。

**32**　《中共中央关于制定国民经济和社会发展第十四个五年规划和二〇三五年远景目标的建议》，《人民日报》2020 年 11 月 4 日。

**33**　《立足优势　深化改革　勇于开拓　在建设首善之区上不断取得新成绩》，《人民日报》2014 年 2 月 27 日。

**34**　《毛泽东选集》第一卷，人民出版社 1991 年版，第 17 页。

**35**　习近平：《论党的宣传思想工作》，中央文献出版社 2020 年版，第 28 页。

**36**　《毛泽东文集》第四卷，人民出版社 1996 年版，第 308 页。

**37**　《毛泽东文集》第七卷，人民出版社 1999 年版，第 285 页。

**38**　欧阳淞、曲青山：《红色往事：党史人物记党史》第 2 册政治卷（下），济南出版社 2012 年版，第 138 页。

**39**　《习近平谈治国理政》第三卷，外文出版社 2020 年版，第 70 页。

**40**　《习近平关于社会主义文化建设论述摘编》，中央文献出版社 2017 年版，第 3 页。

**41**　习近平：《在教育文化卫生体育领域专家代表座谈会上的讲话》，《人民日报》2020 年 9 月 23 日。

**42**　《习近平谈治国理政》第二卷，外文出版社 2017 年版，第 350 页。

**43**　《筑心灵高铁，搭人义之巧：孔子学院海外发展落地生根》，《光明日报》2018 年 12 月 28 日。

**44**　韩业庭：《中国强则汉学强：从青年汉学家的中国故事看汉语热》，《光明日报》2017 年 12 月 14 日。

**45**　马逸珂：《海外中国文化中心：布局全球，传播中华文化》，《中国文化报》2018 年 1 月 31 日。

**46**　马逸珂：《海外中国文化中心：布局全球，传播中华文化》，《中国文化报》2018 年 1 月 31 日。

# 第四章

## 中华历史：五千年的漫长跋涉与苦难辉煌

　　历史是人类走过的历程，也是人类最好的老师。中华民族和中国具有十分悠久的历史，自黄帝以来5000多年的文明史、鸦片战争以来180多年的近现代史、中国共产党诞生以来100年的革命史、新中国成立以来70多年的建设发展史、党的十一届三中全会以来40多年的改革开放史、党的十八大以来8年多的新时代中国特色社会主义发展史，记录了中华民族和中国一路走来的沧桑岁月，构成了波澜壮阔、雄浑深厚的历史画卷。这些历史一脉相承、绵延不绝，是一笔极其宝贵的精神财富，值得人们时常回顾、倍加珍惜。习近平总书记指出："一切向前走，都不能忘记走过的路；走得再远、走到再光辉的未来，也不能忘记走过的过去，不能忘记为什么出发。"[1]树立正确的历史观，全面了解和科学看待中华民族和中国的厚重历史，并从中汲取丰富营养和深刻智慧，是中华儿女的重要任务和现实课题。

　　马克思和恩格斯在革命实践中，创立了历史唯物主义即唯物史观。这一科学理论的内容十分丰富，主要包括以下观点：人类社会的发展是一种自然历史发展过程，是追求着自己目的的人的活动，但同时又受到其内在规律的支配；社会基本矛盾的运动发展构成了历史的基本规律，即生产关系一定要适合生产力状况的规律，上层建筑一定要适合经济基础状况的规律，其中，生产力是人类社会发展的决定性因素，推动着人类社会不断由低级阶段向高级阶段演进；在阶级社会中，社会基本矛盾主要体现为阶级矛盾和阶级斗争，阶级斗争是阶级社会发展的直接动力；社会主义社会的基本矛盾具有不同性质，解决这一矛盾的基本形式是改革；迄今为止，人类社会已经经历了原始社会、奴隶社会、封建社会、资本主义社会、社会主义社会等五种不同形态，人类社会的发展方向和最终结果是共产主义社会，资本主义必然灭亡，社会主义必然胜利，这是不以人的意志为转移的客观规律；历史总是螺旋式地上升发展，在这个过程中，出现暂时的曲折是难免和常见的；人民群众是历史的创造者，是历史发展和社会进步的主体力量；历史人物和杰出人物对历史发展具有重要作用，必须正确认识和客观评价；等等。这些思想观点，是我们研究和借鉴历史的科学世界观和方法论。只有坚持运用马克思主义的唯物史观来观察和分析中华历史，才能对中华民族和中国的形成与发展过程及其内在规律有一个完整准确的认识和把握，才能形成符合中国实际的科学的历史观。

## 一、中华民族和中国具有五千多年的文明史

中华民族是古老民族，中国是世界文明古国。自从它们在中

华大地上诞生并进入文明社会以来，迄今已有五千多年的漫长历史。"上下五千年"，就是对这段历史的准确形容和生动描述。历史，从本质上讲是人的历史，是对人类实践和思维活动的记录。因此，五千年历史首先表现为中华民族及其先民形成、生存和发展的历史，而当国家形态出现之后，中华民族史也就成为中国这个统一的多民族国家的历史。从这个意义上讲，"中国历史"与"中华民族历史"即"中华历史"是完全一致的，是从不同角度对"中华历史"所作的描述。范文澜先生主编的《中国历史》，后来被简缩为《中华史纲》，就是基于这一看法。近年来一些专家学者纷纷撰写《中华民族史》《中华历史》，也是这种认识的体现。

　　——**五千年绵延不断的历史，是人类史册上的一大奇迹**。每个民族和国家都有自己的历史，但中华民族和中国的历史与众不同。毛泽东指出："我们这个民族有数千年的历史，有它的特点，有它的许多珍贵品。"**2** 首先，它是世界上唯一没有出现过间断和空白的历史。中国有确切记载的历史起自公元前 841 年。从这一年开始，中华民族和中国历史就被人们所清晰认知。对于此前的历史，特别是夏和商朝及更早年代的历史，随着考古的发现，也逐渐得到了证实。五四时期，社会上曾出现"疑古学派"，对夏商历史提出质疑。但随着殷墟的发掘，夏朝的历史开始被人们所公认。"夏商周断代工程"用多方面的材料实证了夏朝的存在，"中华文明探源工程"则揭示了中华文明的更早源头。所有这些，都使得"上下五千年"这一凝结着无数中国人深厚情感、汇聚了中华民族自豪感和自信心、短短而又厚重无比的五个字，成为无可辩驳的科学结论。其次，它是世界上记录最为完整、内容最为丰富的历史。中华民族历来有着深厚的史学意识，非常重视对历史的记载和研究。习近平总书记指出："重视历史、研究历史、借鉴历史是中华民族5000多年文明史的一个优良传统。"**3** 史官和史书，在历朝历代中都占有重要位置。浩如烟海、汗牛充栋的史籍，为后人留下了无比丰富的历史资料。逐年逐月甚至逐日对民族和国家经济、政治、文化等各个方面情况所作的详尽记录，最大限度地还原了当时当地的社会生活情景。再次，它是世界上最注重给人以思想启迪的历史。重视以史为鉴，善于从历史中汲取经验教训，是中华民族的一大特点，也是突出优点。古人编撰历史，很重要的目的就是为了深入研究历史，用历史来资政育人。所以中国的历史记载并不仅仅是各种历史事件的简单罗列，也不是对历史人物的生平介绍，而是贯穿着对兴衰成败历史规律的深层次思考。从《尚书》"我不可不监于有夏，亦不可不监于有殷"的历史忧患意识，到孔子《春秋》"微言大义"的历史评价取向；从司马迁《史记》的"通古今之变"，到欧阳修《新五代史》的"褒贬分明"，再到司马光《资治通鉴》的"鉴于往事，有资于治道"，都是着眼于与先人进行精神对话、从历史中汲取思想精华和人生感悟，都有着超越一般史书的深刻思想价值。

　　——**五千年文明史的基本脉络**。中华民族历史悠久，源远流长。传统史学多从政治史或王朝更替史来描绘这段历史过程。对于中国各朝代的延续和更替，习近平总书记曾作过简要而精当的概括。他指出："从我国历史看，朝代存在时间长的有夏朝四百多年、商朝约六百年、西周约三百年、东周五百多年、西汉两百一十五年、东汉一百九十五年、唐朝二百九十年、明朝二百七十七年、清朝二百六十八年。短的有秦朝十五年、三国六十一年、北宋一百六十七年、南宋一百五十三年、元朝九十年、民国三十八年，其他小朝代昙花一现、朝生暮死不计其数。"**4** 文中所列举的这些王朝和政权，都是当时统一中国的中原（中央）王朝（政权），它们的前后更替和接续存在，构成了中华历史的基本线索。

中华历史始于传说中的盘古开天地和三皇五帝时代。毛泽东曾讲，"自从盘古开天地，三皇五帝到于今"**5**。我国古代留存下来不少有关远古历史的神话传说，"盘古开天地"就是其中最早和最著名的一个。这个传说被古人用来解释宇宙的形成过程。汉代后对它加以整理和渲染，并把中华历史的开端上溯到此。类似的传说还有"女娲补天""夸父追日"等。这些神话传说在某种程度上反映出一些历史痕迹，甚至包含着一些真实史实，因而有其独特价值。三皇

陕西举行丁酉年清明公祭轩辕黄帝典礼

五帝之说，始出于战国和秦汉时期。所谓三皇五帝到底指的是哪些人物，历来众说纷纭，其论不一。有的以女娲、伏羲、神农为三皇；有的以燧人、伏羲、神农为三皇；有的甚至以天皇、地皇、人皇为三皇。五帝之说也各有不同，有的以黄帝、炎帝、太昊、少昊、颛顼为五帝；有的以伏羲、神农、黄帝、尧、舜为五帝；也有的以黄帝、颛顼、帝喾、尧、舜为五帝。相对而言，最后一说较为普遍。实际上，这些传说中的人物，大都是原始社会后期部落联盟首领的名称。其中黄帝被海内外中华儿女一致公认为中华人文始祖。位于今陕西省黄陵县桥山的黄帝陵，成为历朝历代公祭祖先的圣地。从春秋战国起，黄帝陵就开始接受祭奠，秦汉以降已经形成制度。汉初于桥山西麓建起了轩辕庙，唐代正式把祭奠活动列入国家祀典。据文献记载，历朝帝王亲自祭扫黄帝陵多达 76 次。1935年国难当头之际，全国各界爱国人士发起祭扫黄帝陵的活动，以号召民众共赴国难，团结御侮，并确定每年清明节为中华民族扫墓的节日。毛泽东亲笔撰写了《祭黄帝陵文》，这样歌颂黄帝："赫赫始祖，吾华肇造。胄衍祀绵，岳峨河浩。聪明睿知，光被遐荒。建此伟业，雄立东方。"**⑥** 并派专人代表中共中央和陕甘宁边区政府前往祭奠。新中国成立后，人民政府对黄帝陵、庙整修一新，把它列入第一批全国重点文物保护单位，编为"古墓葬第一号"，充分表达了中国共产党人对中华民族历史和文化的认同。

夏、商、周是中国历史上最早建立的三个相对统一的王朝。约公元前 21 世纪，夏王朝就在中原建立。夏原来是地处黄河流域中游的一个部落联盟的名字，包括夏后氏、有扈氏等十多个部落，后来成为王朝的称号。据《史记》记载，大禹逝世前本将王位传给了益，但一些诸侯不承认益而追随禹的儿子启，于是传统的民主推举制被打破，王位世袭制从此成为定例。夏朝有很多重要的文明进展，比如，至今仍在使用的农历即制定于夏，又称夏历。夏前后共传 13 代 16 王，公元前 16 世纪最后一位国王桀统治时期，残酷剥削压迫奴隶和平民，激起国人反抗，东方的商部落乘机起兵灭夏，建立了另一个国家政权——商朝。商也是一个古老部落，其祖先契曾跟随大禹治水。商部落首领汤利用夏桀的昏庸无道完成了灭夏建商大业。商朝的文明更加发达，从出土的甲骨文中可以清楚地看出这一点。约公元前 11 世纪，商朝最后一位国王殷纣王统治时期，周部落首领文王姬昌着手反商，其子武王联合其他方国和部落起兵灭商，又建立了周朝，定都镐京，史称西周。西周是中国历史上古国时代的典型代表，其统一程度和文明程度都达到了一个高峰。周初期的几个统治者武王、成王、周公为加强对广大地区的统治，在全国范围内进行了规模浩大的分封，将一批同姓和异姓贵族分封到各个重要地区，共建置了 70 多个封国。公元前 770 年，由于镐京受到周围少数民族威胁，加之周幽王荒淫被杀，继任的周平王把都城迁到洛邑（今洛阳），自此东周的历史开始。东周可分为春秋和战国两个历史阶段。公元前 770 年至公元前 475 年称春秋时期，因为它和鲁国史书《春秋》记载的起讫时间大体相当而得名。公元前 475 年到公元前 221 年称战国时期，这个称呼来源于《史记》。因这一时期兼并战争盛行，秦、楚、齐、燕、韩、赵、魏等诸侯国彼此征战不已，故号称"战国"。一般认为，战国自公元前 475 年齐国大夫田氏发动政变、独掌齐国大权起，到公元前 221 年秦始皇统一六国止。但也有一些不同看法，如有的就认为应从公元前 403 年晋国的韩赵魏三家立为诸侯起，到秦始皇统一六国止。整个东周时期，周天子事实上已经被诸侯架空，统一王朝名存实亡。公元前 256 年，早已不发挥作用的东周政权被秦国灭掉。夏商周三代故此又被称为"先秦"时代。

秦、汉是中国最早的帝国。在秦汉时期，中国实现了规模空前的大统一。从公元前 230 年至前 221 年，秦国先后荡平关东六国，建立起中国历史上第一个统一的中央集权制的封建王朝，建都咸阳，秦王嬴政自称始皇帝。秦统一后，实行了一系列巩固统一和加强中央集权的措施，如废除分封制、实行郡县制，统一文字、货币和度量衡，修建北方长城等，对当时的社会历史发展起到了明显的促进作用。但秦朝建立后实行暴政，民不聊生，陈胜、吴广率先揭竿而起，发动了中国历史上第一次农民大起义。项羽、刘邦等纷起响应，公元前 206 年刘邦率军攻入咸阳，秦朝灭亡。公元前 202 年，刘邦在长安建立汉政权。在此之前，刘邦曾与项羽等人进行了长达 4 年的楚汉战争。汉朝

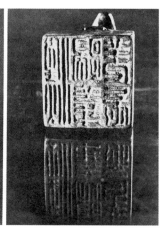

新疆沙雅县出土的"汉归义羌长印"，是西汉中央政府颁发给当时塔里木盆地羌族首领的印章

建国后，奉行黄老思想，实施轻徭薄赋，与民休息，同时加强中央集权，削弱地方割据势力，开拓西域和边疆地区，先后出现了"文景之治""汉武盛世""昭宣中兴"等社会比较稳定、经济发展比较快的时期。公元 9 年，王莽用新政权代替了汉朝，历史上称这个政权为"莽新"。新朝复古改制，违反社会发展规律，导致社会矛盾激化，导致了以绿林、赤眉为主的农民大起义。公元 25 年，刘秀借助起义军之势，在洛阳重建汉政权，史称东汉。东汉朝特别是其后期，外戚与宦官轮流专权，政治黑暗，国势每况愈下。直到东汉末年，爆发了黄巾起义，随后群雄并起，军阀混战，东汉政权四分五裂。

三国两晋南北朝，是中国历史上一个持续较长时间的分裂时期，也是南方和北方各民族大迁移、大融合的时期。三国时期开始于 220 年，结束于 280 年，三个国家分别是魏、蜀、吴，它们相互分立，彼此间征战不断。魏国于公元 220 年代汉建立，都许昌，后迁洛阳，265 年被司马氏取代；蜀汉于公元 221 年建立，都成都，263 年被曹魏灭亡；吴国于公元 222 年建立，都建业（南京），280 年被晋灭亡。晋于公元 265 年代魏建国并统一全国后，连续几任皇帝贪婪残暴、荒淫腐败，公元 317 年，少数民族政权发兵攻晋，晋愍帝被掠走，皇族司马睿在江南建康称帝，以这一年为界，晋朝分别被称为西晋、东晋。东晋政权统治着长江流域以南的广大地区，与北方及西南的十六国政权遥相对峙。公元 420 年，东晋被刘裕建立的宋政权所取代。南朝指东晋之后依次存在于中国南方的四个政权，即宋（420—479）、齐（479—502）、梁（502—557）、陈（557—

589）。南朝时期由于北方民众大量南迁，南方的经济社会有了很大发展。北朝指同期存在于中国北方的五个政权，最早是由鲜卑拓跋部建立的北魏（386—534）统一了北方，并将都城由平城迁到洛阳，实行一系列有利于北方各族融合的措施。后来北魏分裂为东魏（534—550）、西魏（535—556），再后来东魏被北齐（550—577）取代，西魏被北周（557—581）取代。公元577年，北周灭北齐，再次统一了北方。

隋朝建立于公元581年，其创始人杨坚本是北周的一位外戚将军，通过禅位夺取北周政权后，遂于公元589年率军大举南征，很快便统一全国，结束了中国近400年的分裂割据局面。隋朝建立后，既采取一些措施加强中央对地方的控制，促进经济社会和文化发展，又大兴土木，连年征伐，兵役和徭役负担极为繁重，人民不堪重负，终于在隋末爆发了农民起义，各地豪强纷纷起兵反隋。公元618年，存世仅37年的隋朝被自太原起兵的李渊、李世民父子所建立的唐朝所取代。唐朝建立后，君臣上下一心，励精图治，从唐太宗到武则天，再到唐玄宗，相继开创了著名的"贞观之治"和"开元盛世"，使唐朝成为当时世界上国力最强大的国家。但自"安史之乱"后，唐便一蹶不振，开始走向衰落。唐朝末年爆发长达十年之久的黄巢起义，沉重打击了唐朝统治。公元907年，藩镇节度使朱温废唐哀帝自立，建立了后梁。唐朝时的中国在世界上以具有高度文明而著称，许多国家都派出人员前来学习和朝奉。如今全球各地的"唐人街"，即与这个时期有着密切关系。

唐亡后中国历史进入五代十国时期。所谓"五代"是指从公元 907 年至 960 年的 50 多年间，在中国北方依次存在的五个政权，它们是后梁（907—923）、后唐（923—936）、后晋（936—947）、后汉（947—950）和后周（951—960）。所谓"十国"是指同一时期在南方存在的十个政权。五代十国是中国历史上又一个分裂时期，但时间并不很长，即被禅代后周而建立的宋朝所统一。

宋朝建立于 960 年，是后周大将赵匡胤率军发动兵变，代周自立而建立的国家。宋建国后不久，就先后灭掉各地的割据政权，统一了全国大部分地区。但北方的辽、金、西夏、蒙古等政权却一直与其对峙，相互不断交战，又不断议和。公元 1126 年冬，金兵攻入宋首都开封，掠走徽、钦二帝，康王赵构在南京应天府称帝。以

观众在观看《清明上河图 3.0》数码艺术展

此为界，前期称北宋，后期称南宋。宋的经济和文化都很发达，但军事上却十分羸弱，与北方强敌交手屡战屡败，一再丧权辱国，最后只能偏安一隅。1279 年，南宋被蒙古人所建立的元朝灭亡。此前，西夏和金已分别为蒙古政权所灭，元灭宋之役，结束了自唐末以来南北长期对峙的局面，实现了新的全国统一。

元、明、清，是中国历史上三个前后相连的高度统一的朝代。它们的共同特点是：疆域逐渐扩大、人口日益增多，多民族加快融合，国家统一程度空前提高，与外部世界的交往更加密切，同时政治权力高度集中于皇帝，社会矛盾错综复杂。其中元、清是北方少数民族入主中原建立的中央王朝。元朝建立于 1271 年，1279 年统一全国。在元末爆发的红巾军起义中，朱元璋称帝建立了明朝，1368 年出兵北伐，元顺帝逃往漠北，元朝被明朝所灭。明朝建立后，经过十余年战争，于公元 1387 年统一全国。1644 年，李自成率农民起义军推翻了明政权，清军乘机入关占领北京，并通过武力征讨和怀柔收编，建立起统一的全国政权。清的前身原本是女真人建立于 1616 年的后金，1636 年改国号为清。清朝前期，社会生产有较大恢复和发展，对边疆地区的开拓和控制也得到加强，出现了长达 134 年的"康乾盛世"。但 1840 年后，随着西方列强的入侵和在中国划分势力范围，清政府腐败无能、屈膝投降，使中国沦为半殖民地半封建社会。在帝国主义多次侵华战争的瓜分下和太平天国、义和团运动的沉重打击下，清朝统治风雨飘摇、岌岌可危。1911 年 10 月辛亥革命爆发，次年 2 月 12 日清帝宣告退位，在中国延续了四千多年的"家天下"和两千多年的封建帝制到此结束。

林则徐在虎门海滩销毁鸦片时的情景

　　——**中华儿女是中华五千年历史的创造者**。回顾中华民族和中国的悠久历史，可以得出这样一个基本结论，那就是：中华儿女是中华历史的创造者。长期以来，少数英雄人物在历史上的作用常常被关注、夸大和绝对化、神圣化，而广大人民群众及其历史活动则往往默默无闻甚至完全被置于视野之外，其历史地位和作用得不到应有的承认和褒奖。只有马克思主义的唯物史观才第一次充分肯定了人民群众在历史发展过程中的决定性作用，鲜明指出：人民群众是历史的主体和创造者，是推动社会发展的原动力。马克思和恩格斯强调："历史活动是群众的活动"，决定历史发展的是"行动着的群众"[7]。毛泽东指出："人民，只有人民，才是创造世界历史的动力。"[8] 习近平总书记指出："人民是历史的创造者，是决定党和国家前途命运的根本力量。"[9]"历史是人民书写的，一切成就归功于人民。"[10] 中国五千年的发展历史表明：人民群众的总体意愿和行动代表了历史前进的方向，人民群众的丰富社会实践创造了社会财富、维持了社会生存、推动了社会的变革和进步。

人民群众创造了社会的物质和精神财富。首先，人民群众是社会物质财富的创造者。中国人民是勤劳勇敢的人民，千万年来用双手创造出无以计数的物质财富，养育了中华民族的子孙后代。早在汉代，中国的人口数量就达到 6000 万左右，在当时的条件下，广大人民群众依靠勤劳、智慧和力量，把农耕社会的生产能力发挥到了极致，使社会生产力达到世界先进水平。据《史记》记载，汉武帝时，社会财富积累之丰厚，令人惊叹。其次，人民群众是社会精神财富的创造者。一方面，人民群众创造物质生活资料的生产实践，为人们从事一切精神生产提供了物质前提；另一方面，人民群众的实践活动，为一切精神财富产生提供了不竭源泉。各族人民的生产和生活，蕴含着文学艺术的丰富矿藏。屈原的《离骚》《九歌》，直接取材于远古时代人民群众创造的神话和传说。《水浒》《三国演义》《西厢记》《红楼梦》等名著，都是在民间口头文学的基础上修琢提炼而成。即使作为精神财富生产重要工具的语言，也是人民群众的创造。历史上许多优秀的思想家、科学家、文学家、艺术家，本身就是从劳动群众中涌现出来的，他们亲手完成了许多精神产品的创造。宋代发明活字印刷的毕昇、杰出的民间音乐家阿炳，就是其中的杰出代表。《本草纲目》是总结了历代劳动人民的经验特别是药物治疗经验，而由李时珍完成的药物学巨著。西汉晚期的《氾胜之书》，南北朝的《齐民要术》，明代的《农政全书》，也都是总结劳动群众的生产经验写成的。需要指出的是，在剥削阶级社会，人民群众所创造的物质和精神财富，绝大多数被统治阶级所强行占有，劳苦大众仍然过着十分贫苦的生活。

人民群众推动了中国社会的变革和进步。生产关系的变革，社会制度的更替，最终取决于生产力的发展，但并不会随着生产力的发展而自发地实现和完成，而必须借助人民群众的力量，人民群众是社会变革的决定性力量，人民群众的参与程度越高，社会变革就越彻底，越深刻。无论是中国古代的奴隶起义和农民起义，还是近代的旧民主主义革命和各种救亡图存运动，都是人民群众参与的社会革命，都有力地推动了历史的前进和发展。在中国历史上，曾经爆发过多次农民起义，其次数之多、频率之高、影响之大，是世界其他各国所没有的。这些起义，尽管每次都遭到失败或被统治阶级篡夺胜利果实，但每次也都沉重地打击了腐朽落后的统治阶级，成为改朝换代的重要因素，并深刻影响着后来统治者的思想和行为，促使中国社会不断向前演进。中华历史，决不是少数帝王将相的历史，而是亿万人民大众的历史。

——**正确认识"历史周期率"**。从历代王朝相互更替的过程中，还可以看出这样一个带普遍性的规律，那就是"统分治乱、循环不已"，即所谓的"历史周期率"。这一概念最早是由爱国民主人士黄炎培在抗战时期提出来的。1945 年 7 月，黄炎培等 6 名国民参政员到延安参观访问，一次在与毛泽东交谈时，黄炎培说：我生六十多年，耳闻的不说，所亲眼看到的，真所谓"其兴也浡焉"，"其亡也忽焉"，一人，一家，一团体，一地方，乃至一国，不少单位都没有能跳出这周期率的支配力。一部历史，"政怠宦成"的也有，"人亡政息"的也有，"求荣取辱"的也有，总之没有能跳出这周期率。中共诸君从过去到现在，我略略了解的了，就是希望找出一条新路，来跳出这周期率的支配。毛泽东说："我们已经找到新路，我们能跳出这周期率。这条新路，就是民主。只有让人民来监督政府，政府才不敢松懈。只有人人起来负责，才不会人亡政息。"[11]这就是"历史周期率"命题的由来。实际上，类似的问题历史上不少政治家、思想家都曾经提出过。比如，周朝代替商朝时，周人就提出"天命转移"的思想，即"皇天上帝，改厥元子"[12]，"民之所欲，天必从之。"[13]汉朝建立后，围绕秦为何快速灭亡这个问题曾有过激烈争论和探讨。司马迁在《史记》中说："三王之道若循环，终而复始。"[14]其根据就是战国以来阴阳家传下来的所谓"五德终始说"，把它附会到王朝命运的兴衰上。唐太宗李世民执政后，更是对朝代为什么会更替进行了深入思考。他曾对大臣们说，我总想找出一个万全之策，让我的子孙和你们的子孙永掌政权。这实际上也是在探寻如何跳出历史周期率的办法。一部《贞观政要》，可以说就是对这个问题的回答。

从宏观上分析，中国历代王朝的兴衰成败，主要由两方面的因素所决定：一是社会制度；二是统治者的能力素质及其现实表现。从社会制度的角度看，一些明显落后的社会基本制度是导致奴隶制、封建制国家衰亡的根本原因。比如，不公平的土地所有制。农业时代，土地是最重要的生产资料，是人们争相占有的对象。但土地所有权从来都不是在公平条件下取得的，奴隶主、地主、国王、贵族阶层依靠其拥有的特权，大量掠夺和占有土地，导致"富者田连阡陌，穷者无立锥之地"的情况一再发生。而一个社会一旦多数人失去了土地和基本生活资料，再让他们遵纪守法、维护政权，就会成为不可能的事情，这个朝代的末日也就迟早会到来。又比如，独裁的政治专制制度。在奴隶制和封建制国家中，皇帝拥有无限权力和至高无上的权威，可以随心所欲地处置任何事情。"君让臣死，臣不得不死"，就是这种专制制度的一种体现。封建王朝还普遍实行愚民政策，大兴"文字狱"，以此来压制民意，防范进步思想，"防民之口，甚于防川"。但人心是用武力压制不住的，一旦决口，就会产生巨大的冲击波，对王朝统治形成致命打击。还比如，弊端丛生的嫡长子继承制。这一制度是中国古代王国的王位继承制度，夏、商两代尚未完全实行，而是"嫡长子继承"与"兄终弟及"并行，从西周起才得到普遍认可和严格执行。"嫡为天子，庶为诸侯""王不立爱，公卿无私"，开始成为政权交替的通行规则。这一制度的根本性缺陷是"传嫡传长不传贤"，也就是选择继任者的首要标准是"嫡"和"长"，而"贤"和"德"则被置于其后。设计嫡长子继承制的初衷，主要是为了防止王位传承的混乱无序和相互争抢，但事实表明，这一制度并没有起到这种作用。几千年来，觊觎王位、兄弟相残而夺位者几乎代代不乏其人，为争夺王位而导致的动乱暴乱和朝代更替更是随处可见、不绝于书。玄武门之变、靖难之役，都是其中的典型事例。从统治者能力素质和现实表现的角度看，统治者的能力水平和实际作为，往往对王朝的兴衰成败起到重要作用。比如，统治朝廷严重腐败。这是历朝历代尤其是其晚期的一个常见现象，习近平总书记曾经在历数中国历史上朝代更替的概况后深刻指出："秦朝、北宋、元朝都曾经是不可一世的强国，但很快就日薄西山。就是那些时间较长的朝代，后期也是朝政腐败、社会动荡、民怨沸腾、反抗不断，很多也都是苟延残喘、奄奄一息了。"[15] 奴隶制和封建制政权蜕变、垮台的一个重要原因就是统治者严重腐败。腐败必然导致统治集团与社会大众之间矛盾激化，最终引发民众普遍不满，并群起而攻之，用新政权代替现政权。腐败还会造成统治集团内部的利益冲突和斗争，激化其内部的各种矛盾，加速现政权的覆亡。又比如，统治者顽固守旧。历史上，中国曾长期领先于世界。著名学者李约瑟曾讲，唐代的长安真正是"国际间著名人物荟萃之地"[16]。但自明清以来，统治者由于闭目塞听，闭关锁国，因循守旧，不了解外面世界，致使中国与西方各国的差距逐步拉开。一旦外敌入侵，便丧权辱国，割地赔款，进而引起民生凋敝，造反风起，顽固保守的政权最终被赶下历史舞台。还比如，统治者治理措施失当。一些朝代灭亡倾覆，除了腐败和守旧之外，治国举措错误也是一个重要因素。比如秦朝，在历史记载中并没有发现其统治集团有太多腐败和自我封闭，反之还干成了不少大事。但它所采取的内外治理措施却严重失误。如大量征召民众服役，导致十室九空、民不聊生；法律严苛，处罚极重，导致许多官员惶惶不可终日，被迫加入造反队伍。历史学家提到秦朝时经常称之为"暴秦"，认为它"仁义不施"，确实点出了这个朝代的特点和失败原因。

由此可见，"历史周期率"是人类社会发展规律的生动反映，是剥削阶级及其政权不可避免的历史宿命。只有当先进阶级及其政治代表登上历史舞台并执掌政权，才有可能从根本上打破这一历史怪圈。18 世纪中叶和 19 世纪初在中国应运而生的中国工人阶级和中国共产党，就是这样的先进阶级和先进政党。它们代表着中国先进生产力和先进文化，代表着中国最广大人民的根本利益，全心全意地为民族谋复兴、为人民谋幸福，紧紧依靠人民夺取政权和巩固政权，因而必然也完全能够长期执政，而不再重蹈旧政权的覆辙。

## 二、近代以来救亡图存的斗争史

从 1840 年鸦片战争起，中国的历史开始进入近代。中国近代史既是一部被侵略、被宰割、被凌辱的历史，同时也是中国人民为争取民族独立、维护国家主权、领土完整和民族尊严而英勇斗争的历史。面对帝国主义、封建主义的残酷压迫，中国各族人民进行了长期不屈不挠的抗争；面对严重的民族危机和深刻的社会危机，无数志士仁人和先进分子进行了深入思考和艰辛探索，他们在漫漫长夜里殚精竭虑，苦苦寻找着中国的出路，构思着根治贫弱的方案。中国社会的各阶级和政治派别也从各自立场出发，分别提出了不同的政治主张并付诸实践。主要表现在以下几个方面：

——**地主阶级发起的"自强"运动**。其中最有代表性的是"洋务运动"。晚清时，地主阶级中的一些贵族、官僚和军阀即所谓的洋务派，有感于国家的贫弱和落后，产生了生存危机感，遂提出"自强""求富"的口号，主张"中学为体，西学为用"，企图在维护封建主义社会制度和伦理原则的前提下，引进西方资本主义国家新的军事和生产技术。曾国藩、左宗棠、李鸿章、张之洞，就是其主要代表人物，他们都曾在洋务运动中风云一时。但由于这两者是根本不相容的，因而不能也不可能改变中国沦为半殖民地半封建社会的趋势。中日甲午战争中清政府的惨败，宣告了洋务运动的破产。

——**农民起义和以农民为主体的反帝爱国运动**。其中最有代表性的是太平天国和义和团运动。1851 年洪秀全等发动的太平天国运动，先后席卷 18 个省份，攻克城市 600 多座，在南京建立了政权并坚持斗争达 14 年之久，沉重打击了清王朝和帝国主义势力。1899 年至 1900 年兴起的义和团运动，是一场震撼中国大地的以农民为主体的反帝运动。义和团从山东进入河北，并控制了京津，加速了清王朝的崩溃。农民阶级这些斗争，对推动中国历史进步起到了重大作用，但农民作为小生产者，并不代表先进的生产力和生产关系，因而不可能找到中国实现独立和富强的正确道路，他们的斗争不能不以失败而告结束。

——**资产阶级改良派发动的变法维新**。其中最有代表性的是"戊戌变法"。19 世纪 90 年代至 20 世纪初，伴随着民族资产阶级的发展，中国产生了一批主张进行资产阶级式的改良和革新的人物。1898 年即农历戊戌年，以康有为、梁启超、谭嗣同、严复等人为主要代表的资产阶级改良派，在中国掀起了一场变法维新运动。他们主张仿效西法，在中国建立君主立宪的政治体制，让资产阶级参与政权，实施资产阶级性质的改良措施，以推动中国资本主义经济文化的发展。从 1898 年 6 月到 9 月，主张维新的力量通过光绪皇帝先后颁布了一百多项维新诏令，内容涉及社会生活的各个方面。但维新派的力量过于弱小，且仅仅依靠一个没有实权的皇帝，因而当慈禧太后发动政变，变法即告收场，谭嗣同等人惨遭杀害，谭嗣同临刑时仰天长叹："有心杀贼，无力回天。"这说明，在半殖民地半封建的中国，依靠封建统治者自上而下的渐进式改良，是根本不可能成功的。

——**资产阶级革命派组织的武装起义**。其中最有代表性的是辛亥革命。正是由于看清了改良道路行不通，中国民主革命的伟大先行者孙中山在中国大地上率先举起近代民族民主革命的旗帜。1894年，他在檀香山成立革命团体兴中会，1905年发起成立中国同盟会，比较完整地提出了以建立一个民主共和国的政治纲领，并且努力用革命的手段来实现这个纲领。在孙中山的领导和影响下，资产阶级革命派在全国各地相继发动了一系列武装起义，其中最著名的是皖浙起义、镇南关起义、云南河口起义、广州新军起义等。但这些起义无一例外都失败了。孙中山说他经历了"十次革命之失败"，就是指这些武装起义。直到1911年10月的武昌起义引发辛亥革命，才推翻了清朝统治，建立了共和政体。但辛亥革命的果实很快易手袁世凯，新生的资产阶级共和国战乱频仍、民生凋敝，中国社会的半殖民地半封建性质并没有得到改变。

——**其他政治力量进行的探索和尝试**。在中国向何处去的紧要关头，除上述探索和尝试之外，其他政治力量也纷纷提出各自的政治主张。改良主义、自由主义、社会达尔文主义、无政府主义、实用主义、民粹主义、工团主义等"你方唱罢我登场"，试图以此来

武昌起义胜利，军政府挂起象征十八省团结一致的十八星军旗

改造社会、引领变革。教育救国、实业救国、乡村运动等形形色色的思路和方案，也都在一定范围内进行过试验和求证。然而，所有这些选择、探索和尝试，最终都被实践证明是不成功的，都没有也不可能找到国家和民族的出路，辛亥革命后，政党政治曾在中国勃然兴起，当时北京、上海等地曾出现过大大小小 200 多个不同性质的政党和政治团体，但它们大多昙花一现，很快便在中国政治舞台上悄然消失。因为这些政党和政治团体都没有科学理论作指导，没有先进的阶级作基础，提不出正确的纲领和路线来解决中国社会面临的迫切问题，因而得不到广大人民群众的拥护和支持，它们的失败也就成为历史的必然。

## 三、中国共产党团结带领人民的革命史

中国共产党是马克思列宁主义同中国工人运动相结合的产物，是在俄国十月革命和中国五四运动的影响下，在列宁领导的共产国际帮助下诞生的。它成立时只有 50 多个党员，但很快发展成为中国人民前所未有的领导力量。中国共产党在领导全国各族人民进行革命斗争的过程中，先后经历了大革命时期的国共合作和北伐战争、土地革命战争、抗日战争和全国解放战争等四个阶段，其间经受了 1927 年和 1934 年两次严重失败的痛苦考验。通过长期武装斗争和各个方面、各种形式斗争的密切配合，终于在 1949 年取得了胜利。

——**掀起大革命的风暴**。中国共产党从成立之日起，就担当起为中国人民谋幸福、为中华民族谋复兴的历史使命。党的二大制定了反帝反封建的革命纲领，三大制定了统一战线的策略方针，形成了新民主主义总路线的基本思想。在这些路线方针政策的指导下，中国共产党实现了对全国各革命阶级的政治领导，积极推动国民党改组，帮助孙中山确立了联俄、联共、扶助农工的三大政策，形成了第一次国共合作，并在全国范围内掀起了轰轰烈烈的大革命运动。到 1927 年春，中国共产党领导的工会会员达 280 多万人，农会会员达 950 多万人，直接领导和影响和革命军队达三四万人，党员发展到 6 万多人。由于中国共产党的领导和推动，国民革命军组织了北伐战争，消灭了长期盘踞在中国政治舞台的北洋军阀势力。

一大会址纪念馆

但 1927 年 4 月，蒋介石和国民党背叛孙中山决定的国共合作和反帝反封建政策，发动政变，残酷屠杀共产党人和革命人民，致使党和革命力量遭到惨重损失，6 万多党员只剩下 1 万多名。轰轰烈烈的大革命宣告失败。

面对敌人的屠刀，中国共产党继续进行顽强战斗。南昌起义打响了武装反抗国民党反动派的第一枪，八七会议确定了实行土地革命和武装的方针，会后在全国各地先后举行了秋收起义、广州起义等一百多次武装起义，在井冈山创建了第一个农村革命根据地，此后又创建了江西中央革命根据地和其他根据地，建立了一批红军部队。在土地革命战争中，红军连续击败国民党军队多次"围剿"，逐步发展壮大，但由于王明"左"倾教条主义领导造成第五次反

"围剿"失败，中央红军不得不进行长征，第二、第四方面军和红二十五军也先后经过长征到达陕北会师。"左"倾错误造成的失败使革命根据地和白区的革命力量都受到重大损失，红军从 30 万人减到 3 万人左右，共产党员从 30 万人减到 4 万人左右。长征途中召开的遵义会议，确立了毛泽东在红军和党中央的领导地位，使中国革命转危为安。

——**在抗日战争中发挥中流砥柱作用。**抗日战争全面爆发后，中国共产党决定和实行了正确的抗日民族统一战线政策，领导了一二·九学生运动，掀起了要求停止内战、抗日救亡的群众斗争。西安事变后，党积极促成事变和平解决，对推动国共再次合作、团结抗日，起到重大作用。抗战期间，国民党统治集团继续反共反人

于都县的长征渡口

中国共产党第七次全国代表大会会场

民，在正面战场上节节败退，中国共产党则坚持统一战线中独立自主的政策，紧密依靠广大人民群众，开展敌后游击战争，建立抗日根据地。八路军、新四军迅速发展成为抗战的中坚力量。在中国共产党的坚强领导下，中国的全民族抗战坚持了 14 年之久，并同世界反法西斯战争相互支援和配合，直到取得最后胜利。抗日战争是近代以来中国人民反抗外敌入侵持续时间最长、规模最大、牺牲最多的民族解放斗争，也是第一次取得完全胜利的民族解放斗争，是中华民族近代以来从陷入深重危机走向伟大复兴的历史转折点。

——**推翻国民党反动统治**。抗日战争结束后，蒋介石政府依赖美帝国主义的援助，拒绝全国人民实现和平民主的正义要求，悍然发动全面内战。中国共产党在全国各族人民的广泛参与和积极支持下，领导人民解放军进行了三年多的解放战争，经过辽沈、淮海、平津三大战役和渡江作战，消灭了蒋介石的八百万军队，推翻了国民党反动政府，建立了中华人民共和国。

事实雄辩地证明，中国共产党是中国工人阶级的先锋队，也是中国人民和中华民族的先锋队。只有这一政党才能指出中国的出路，并带领人民走向光明的前途。中国共产党成为中国革命的领导力量，是历史的选择、人民的选择。

## 四、新中国成立后走向繁荣富强的奋斗史

新中国成立之后，中国共产党团结带领中国人民经过 70 多年的不懈奋斗，彻底改变了中国的命运，使中国、中华民族和中国人民的面貌发生了翻天覆地的变化。

**——从新中国成立到党的十一届三中全会，中国进行了社会主义革命和建设**。这段将近 30 年的历史，大体上可以分为三个时期：一是国民经济恢复和社会主义改造时期；二是全面进行社会主义建设时期；三是"文化大革命"内乱和此后的徘徊时期。

新中国成立时，不仅中国大地经历百年战乱后千疮百孔，而且面对帝国主义的军事威胁和经济封锁。中国人民在中国共产党领导下，经过三年艰苦努力，通过开展镇压反革命、土地改革、抗美援朝等三大斗争，采取没收官僚资本、稳定物价、统一财经，取缔旧社会丑恶现象、开展"三反""五反"等一系列重大举措，迅速巩固了新生的人民政权，恢复了国民经济，为紧接着进行社会主义

北京崇文区手工业者在加入手工业生产合作社登记站里踊跃地递交申请入社登记表

革命、确立社会主义制度、开展社会主义建设创造了必要条件。

1953 年中国共产党提出"一化三改造"的过渡时期总路线，带领全国各族人民开启了社会主义革命。到 1956 年年底，对农业、手工业和资本主义工商业的社会主义改造提前完成，中国建立起了社会主义基本制度，中国人民走上社会主义道路。这是中国历史上从未有过的最深刻、最伟大的社会变革，为后来中国的一切发展进步奠定了根本政治前提和制度基础。

随着"三大改造"及国民经济和社会发展"一五"计划的完成，

新中国以苏联经验为鉴戒，进行了史无前例的社会主义建设探索。努力寻找一条适合中国国情的社会主义建设道路，发展社会主义的经济、政治和文化。这一探索历程跌宕起伏，极不平凡，既积累了成功经验，也有失误的教训，甚至发生了"文化大革命"那样全局性的严重错误。1976 年 10 月，党中央代表人民意志，一举粉碎"四人帮"，结束了"文化大革命"，党和国家在徘徊中继续探索前行。

从新中国成立到改革开放前夕，我们党团结带领全国各族人民，在旧中国遗留下来的"一穷二白"的基础上，经过艰苦奋斗，取得了多方面的巨大成就。独立的、比较完整的工业体系和国民经济体系基本建立。社会生产总值从 1949 年的 557 亿元增加到 1978 年的 6846 亿元，29 年间增长 11.29 倍，年均增长 9%。新中国成立前，我国工业非常落后，基本上没有自己的机器制造业。经过 20 多年的发展，陆续建成了一批门类比较齐全的基础工业项目，为国民经济发展打下了坚实基础。工业生产能力大幅度提高，工业产量成倍增加。钢产量从 1949 年的 16 万吨，发展到 1976 年的 2046 万吨；原油从 1949 年的 12 万吨，发展到 1976 年的 8716 万吨；汽车产量从 1955 年年产 100 辆，到 1976 年的 13.5 万辆。农业发展方面，总产值从 1952 年到 1978 年的 26 年间增长 2.3 倍，年均增长 3.25%。在全国人民节衣缩食支援国家工业化基础建设的情况下，尽管人民生活改善的增幅不大，但初步满足了占世界 1/4 人口的基本生活需求，这在当时是世界公认的一个奇迹。建筑、交通运输等基础设施建设也得到较快发展。旧中国在 73 年间共修筑铁路 2.18 万公里、公路 8.07 万公里，而新中国成立后的 27 年，就建成铁路 4.63 万公里、公路 82.34 万公里。教育医疗事业得到了长足发展。新中国成立后，在文化教育方面的一件大事，就是扫除文盲、推广普通话，并大力发展小学、中学和高等教育。从 1949 年到 1976 年，小学在校生从 2439 万人发展到 1.5 亿人；中学在校生从 103.9 万人发展到 5836.5 万人；高等学校在校生从 11.7 万人发展到 67.4 万人。继农村普遍建立县、区（社）两级医疗卫生机构后，又在绝大多数生产大队建立了农村基层医疗卫生机构，全国人口的死亡率从 1949 年的 20‰ 下降到 1976 年的 7.25‰。**17** 科技发展取得重要突破。新中国刚成立时，全国专门从事科学研究的知识分子数量很少，科技水平非常落后。新中国成立后，我国在核技术、人造卫星和运载火箭等尖端科技领域相继取得"两弹一星"等一批重要成果，首次完成人工合成牛胰岛素。一些重要的科学分支和新兴应用技术也都在这一时期逐步发展起来。华罗庚、李四光、钱学森、邓稼先等一大批科学家为国家科技发展作出重大贡献。与此同时，人们的精神面貌得到了显著改变。新中国成立后，

1970 年我国成功地发射了第一颗人造卫星。当卫星通过北京上空时，人们激动地争相眺望

广大人民群众翻身当家做了主人, 生产积极性被极大地激发出来, 坚持独立自主、自力更生、艰苦奋斗, 表现出高昂的精神状态, 涌现出雷锋、王进喜、焦裕禄、时传祥等一大批英模人物, 集中反映了社会主义道德和精神风貌。外交工作打开了全新局面。新中国顶住了国际上霸权主义和强权政治的压力, 坚决支持各国人民的正义斗争。特别是20世纪70年代初, 毛泽东适应国际形势的发展变化, 审时度势, 及时对外交工作进行了重大战略调整。由此, 中国在联合国的一切合法权利得到恢复, 开始了中美关系正常化进程, 与日本建立外交关系, 陆续同一批资本主义发达国家和亚非拉国家建交, 国际地位得到世界普遍承认。这些重大成就, 为改革开放后的大发展、大进步奠定了基础, 提供了必要的前提条件。

新中国成立以来进行的社会主义革命和建设的探索, 既取得了伟大成就, 也经历了曲折甚至遭受过严重挫折。充分肯定这一历史时期所取得的成就, 并不意味着要回避和忘却经历的挫折和走过的弯路。我们是历史唯物主义者, 应当客观地正视历史, 如实地评价历史。这一时期所有的成就和挫折, 都是有借鉴价值的, 都为新时期开创中国特色社会主义提供了难得的理论准备和物质基础。

**——从党的十一届三中全会开始, 中国走上了改革开放的道路**。20世纪70年代末, 面对国内外形势的深刻变化, 中国共产党认真总结本国社会主义胜利和挫折的历史经验, 积极借鉴其他国家社会主义兴衰成败的深刻教训, 全力推进改革开放和社会主义现代化建设, 成功地开辟了中国特色社会主义道路, 逐步形成和发展了中国特色社会主义理论体系, 发展和完善了中国特色社会主义制度。中国共产党人和中国人民以一往无前的进取精神和波澜壮阔的创新实践，谱写了中华民族自强不息、顽强奋进新的壮丽史诗，使中国大踏步赶上了时代。这一段历史大致可以分为三个阶段：一是从十一届三中全会到十三届四中全会；二是从十三届四中全会到十六大；三是从十六大到十八大。

"文化大革命"结束后，中国走到了一个历史转折关头。以邓小平为主要代表的中国共产党人，着眼于使人民摆脱贫困和走向富强，以巨大的政治勇气和理论勇气，开展真理标准讨论，彻底否定"以阶级斗争为纲"的错误理论和实践，作出把党和国家工作中心转移到经济建设上来、实行改革开放的历史性决策，开辟了社会主义事业发展的新时期。通过实践探索，深刻揭示社会主义本质，确立社会主义初级阶段基本路线，明确提出走自己的路、建设中国特色社会主义，科学回答了建设中国特色社会主义的一系列基本问

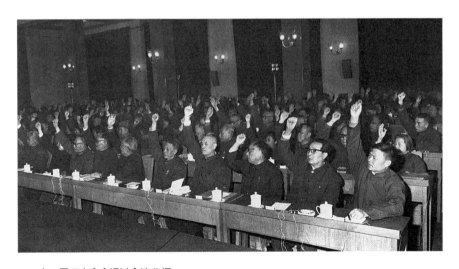

十一届三中全会通过会议公报

题，制定了到 21 世纪中叶分三步走、基本实现社会主义现代化的发展战略，创立了邓小平理论，成功开创了中国特色社会主义。

1978 年 12 月召开的党的十一届三中全会，结束了粉碎"四人帮"后的徘徊局面，开启了改革开放和社会主义现代化建设的新时期。这是新中国历史上的一次伟大转折，是中华民族伟大复兴新的里程碑。全会作出了把全党工作的重心转移到社会主义现代化建设上来的战略决策，提出改革开放的战略任务。1981 年党的十一届六中全会通过的《关于建国以来若干历史问题的决议》，标志着拨乱反正的任务基本完成。1982 年党的十二大提出"建设有中国特色的社会主义"，改革开放浪潮开始在全国兴起。改革首先从农村实行家庭联产承包制启动，逐步向城市和其他领域全面推进。1987 年，党的十三大明确提出社会主义初级阶段理论和"三步走"发展战略，完整概括了党在社会主义初级阶段"一个中心、两个基本点"的基本路线。1989 年春夏之交，党和人民及时平息了发生在北京的"政治风波"，使中国特色社会主义航船继续沿着正确方向前进。

党的十三届四中全会产生了以江泽民同志为核心的党的第三代中央领导集体。以江泽民为主要代表的中国共产党人，在国内外形势十分复杂、世界社会主义出现严重曲折的严峻考验面前，坚持党的基本理论、基本路线，坚定捍卫中国特色社会主义，正式把邓小平理论确立为党的指导思想。同时敏锐把握国际国内形势的发展变化，依据新的实践确立党的基本纲领、基本经验，确立社会主义市场经济体制的改革目标和基本框架，确立社会主义初级阶段的基

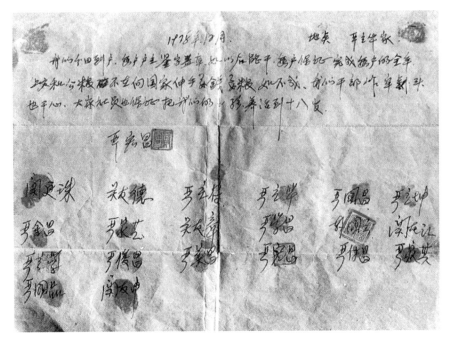

小岗村农民按下红手印的"大包干"契约

本经济制度和分配制度，创立"三个代表"重要思想，推进党的建设新的伟大工程，开创了全面改革开放新局面，成功把中国特色社会主义推向了 21 世纪。

1992 年邓小平在南方发表重要谈话，深刻阐述了社会主义本质、"三个有利于"标准等一系列重大问题。当年召开的党的十四大，对建设有中国特色社会主义理论作了科学、系统、完整概括，确立了建设社会主义市场经济的改革目标。兴办经济特区、开放东南沿海城市，改革逐步向深层次推进；加入世界贸易组织、对外开放取得重大突破；香港、澳门按照"一国两制"方针顺利回归祖国。党的十五大把邓小平理论确立为党的指导思想，并确定了党在社会主义初级阶段的基本纲领和若干新的发展战略。

党的十六大产生了以胡锦涛同志为总书记的党中央。以胡锦涛为主要代表的中国共产党人，坚持以邓小平理论和"三个代表"重要思想为指导，根据新的发展要求，深刻认识和回答了新形势下实现什么样的发展、怎样发展等重大问题，形成了科学发展观。党团结带领全国各族人民紧紧抓住重要战略机遇期，坚持以人为本、全面协调可持续发展，大力推进实践创新、理论创新、制度创新，着力保障和改善民生，促进社会公平正义，推动建设和谐世界，推进党的执政能力建设和先进性建设，成功在新的历史起点上坚持和发展了中国特色社会主义。

2002 年召开的党的十六大确立了全面建设小康社会奋斗目标，并首次提出实现社会更加和谐的问题。2007 年召开的党的十七大，进一步明确了和谐社会建设的定位，确立了中国特色社会主义事业"四位一体"的总体布局和建设"富强民主文明和谐"的社会主义现代化国家的目标。在这个时期，我国成功举办了北京奥运会和残奥会、上海世博会，实现了中华民族的百年梦想。"神舟"飞天、"嫦娥"揽月、"天宫"对接、"蛟龙"探海、超级计算机等前沿科技实现重大突破，三峡工程、青藏铁路、南水北调等重大工程捷报频传。积极应对来自国内外和自然界的严峻挑战，夺取了抗击四川汶川特大地震等严重自然灾害和灾后恢复重建的胜利，妥善处置一系列重大突发事件，特别是有效应对国际金融危机带来的严重冲击，在全球率先实现经济企稳回升，极大地增强了中国人民和中华民族的自豪感和凝聚力。

　　——**正确认识改革开放前后两个历史时期。**纵观新中国成立后的社会主义革命和建设历程，有改革开放前和改革开放后两个历史时期。这是两个相互联系又有重大区别的时期，它们本质上都是我们党领导人民建设社会主义的实践探索。2013 年 1 月 5 日，习近平总书记在学习贯彻党的十八大精神研讨班上发表重要讲话，专门就如何正确认识和把握两个历史时期的关系作了精辟阐释，澄清了在这个问题上的种种模糊认识。

　　两个历史时期是紧密相连、辩证统一的关系。第一，两个历史时期不可或缺。它们都是我们党革命和建设事业的有机组成部分，共同构成了探索中国社会主义建设道路的总体进程。如果没有 1978 年党果断决定实行改革开放，并坚定不移推进改革开放，坚定不移

1979 年 7 月 8 日，蛇口轰然响起填海建港的开山炮，被称为改革开放的"第一炮"

把握改革开放的正确方向，社会主义中国就不可能有今天这样的大好局面，甚至可能会面临严重危机。同样，如果没有 1949 年建立中华人民共和国并进行社会主义革命和建设，积累了重要的思想、物质、制度条件和正反两方面的经验，改革开放也很难启动和顺利推进。第二，两个历史时期不可割裂。虽然这两个时期在指导思想、方针政策、实际工作上有着很大差别，但并不是彼此割裂的，更不是相互对立的。它们在许多方面前后相续、血脉相连。党在新中国成立后所进行的社会主义建设实践中所提出的许多符合实际的正确主张，虽然当时没有得到落实，但在改革开放后得到了真正贯彻，而且将来仍然要继续坚持和发展。第三，两个历史时期不能相互否定。既不能用改革开放后的历史时期否定改革开放前的历史时期，也不能用改革开放前的历史时期否定改革开放后的历史时期。前者为后者积累了条件，后者是对前者的坚持、改革、发展。总之，只有用实事求是的态度对两个历史时期加以评判，才能辨别主流和支流，分清真理和错误，找出经验和教训，从而进一步增强道路自信，形成继续前行的强大动力。在这个重大的政治问题上，我们必须始终保持清醒头脑，站在讲政治的高度，坚守原则，明辨是非，形成正确的认识。

## 五、新时代开启的历史新篇章

党的十八大以来，中国特色社会主义进入新时代。围绕着新时代坚持和发展什么样的中国特色社会主义、怎样坚持和发展中国

观众在国家博物馆参观《复兴之路》展览

特色社会主义这个历史性课题，中国共产党团结带领全国各族人民继续进行深入探索。以习近平同志为核心的党中央，以强烈的历史责任感和使命感，勇担重任，接力奋斗，大气魄治党治国治军，大手笔运筹国内国际大局，推动改革发展稳定、内政外交国防各领域出现崭新局面，在新时代的历史考卷上写就了精彩答案。

——**把实现中华民族伟大复兴的中国梦作为新时代的奋斗目标**。2012 年 11 月 29 日，党的十八大闭幕不久，习近平总书记在参观《复兴之路》展览时郑重指出："实现中华民族伟大复兴，就是中华民族近代以来最伟大的梦想。"*18* 此后又在多个重要场合对中国梦进行了深刻阐述。中国共产党从成立之日起，就团结带领人民振兴中华，致力于实现中华民族的伟大复兴。习近平总书记首次将实现中华民族伟大复兴明确为中国梦，并深刻揭示了中国梦的本质，准确界定了中国梦的主体，科学阐明了中国梦与世界梦的关系，正确指明了实现中国梦的途径，从而把中华民族的复兴梦想描绘得越来越清晰、越来越丰满。

**——统筹推进"五位一体"总体布局**。进入新时期以来，中国共产党始终坚持立足战略全局来推进中国特色社会主义事业。从改革开放之初提出物质文明、精神文明"两个文明"，到党的十三大确立经济、政治、文化建设"三位一体"，到党的十六届六中全会明确经济、政治、文化、社会建设"四位一体"，再到党的十八大第一次把生态文明建设纳入其中，形成"五位一体"，中国特色社会主义总体布局不断丰富和完善。党的十八大以来，以习近平同志为核心的党中央明确提出"五位一体"总体布局，着力建设社会主义市场经济、民主政治、先进文化、和谐社会、生态文明，使中国特色社会主义得到整体推进。在经济建设方面，积极推动我国经济由高速增长转向高质量发展，鲜明提出新发展理念，努力使市场在资源配置中起决定性作用、更好发挥政府作用，下大力推进供给侧结构性改革，建设现代化经济体系；在政治建设方面，坚定不移走中国特色社会主义政治发展道路，用制度体系保证人民当家作主，推动协商民主广泛、多层、制度化发展，深化机构和行政体制改革，全面贯彻党的民族政策、宗教政策，巩固和发展最广泛的爱国统一战线；在文化建设方面，明确提出坚定文化自信，大力加强意识形态工作，用社会主义核心价值观凝心聚力，推动中华优秀传统文化创造性转化、创新性发展，提高国家文化软实力；在社会建设方面，坚持以人民为中心的发展思想，高度重视和重点解决各领域突出的民生问题，全力以赴打赢脱贫攻坚战，打造共建共治共享的社会治理格局；在生态文明建设方面，坚持人与自然和谐共生，提出和贯彻绿水青山就是金山银山的科学理念，推动形成绿色发展方式和生活方式，开展生态文明体制改革综合试验，实行最严格的生态环境保护制度；等等。

——**协调推进"四个全面"战略布局。**在坚持和发展中国特色社会主义的过程中，党中央注重抓住关键环节，坚持问题导向，以纲带目，以重点带全局，创造性地提出和确立了全面建成小康社会、全面深化改革、全面依法治国、全面从严治党的战略布局。"四个全面"是一个有机整体，不仅每一个"全面"内涵丰富，而且相

到 2020 年 12 月，中国脱贫攻坚任务如期完成。图为贵州省遵义市正安县瑞濠街道移民搬迁安置点

互之间紧密联系、不可分割。党的十八届三中、四中、五中、六中全会相继就"四个全面"进行专题研究并作出相应决定，并团结带领全党全国各族人民认真抓好落实。一是科学描绘全面建成小康社会的宏伟蓝图，立下务期必成的军令状，聚焦短板弱项，精准攻坚克难，推进全面建成小康社会不断取得新成效。二是加强党对全面深化改革的集中统一领导，正确把握全面深化改革的总目标，坚持全面深化改革的正确方法论，推动各项改革举措落地生根，推进全面深化改革不断取得新进展。三是坚定不移走中国特色社会主义法治道路，明确全面推进依法治国总目标，加快建设中国特色社会主义法治体系，深化依法治国各方面的实践，维护社会公平正义、司法公正，推进全面依法治国不断得到有效落实。四是把坚持和加强党的全面领导作为全面从严治党的核心，积极推进党的伟大自我革命，按照新时代党的建设总要求全面加强党的各方面建设，进一步健全党和国家监督体系，推进全面从严治党不断向纵深发展。

——**围绕强军目标建设世界一流军队**。这是新时代为实现"两个一百年"奋斗目标、实现中华民族伟大复兴提供战略支撑的必然要求。一是明确提出党在新时代的强军目标。在各个历史时期，我们党都根据形势任务的变化，提出人民军队建设目标，引领我军建设不断向前发展。进入新时代后，2013 年 3 月 11 日，习近平总书记郑重提出，"建设一支听党指挥、能打胜仗、作风优良的人民军队，是党在新形势下的强军目标" **19**。2017 年 10 月，他又在党的十九大上指出，"党在新时代的强军目标是建设一支听党指挥、能打胜仗、作风优良的人民军队，把人民军队建设成为世界一流

图为 2019 年 10 月 1 日上午，庆祝中华人民共和国成立 70 周年大会在北京天安门广场隆重举行。这是东风—41 核导弹方队通过天安门广场

军队"[20]。这一重要论述，把"世界一流军队"纳入强军目标的内涵，使党在新时代的强军目标更为完整，更具凝聚力和感召力。党的十九大提出，要确保到 2020 年基本实现机械化，信息化建设取得重大进展，战略能力有大的提升，力争到 2035 年基本实现国防和军队现代化，到本世纪中叶把人民军队全面建成世界一流军队，此后又提出 2027 年建军百年奋斗目标，从而进一步明确了全面实现国防和军队现代化的目标引领和战略安排。二是完善新时代强军布局。在强军目标的引领下，人民解放军逐步构建起政治建军、改革强军、科技强军、人才强军、依法治军的强军布局，为走中国特色强军之路确立了基本路径。这些年来，全军深入推进政治建军，思想政治根基更加牢固；深入推进改革强军，组织架构和力量体系实现革命性重塑；深入推进科技强军，创新驱动实现全面跃升；深入推进人才强军，培养造就了大批堪当强军重任的高素质新型军事

人才；深入推进依法治军，坚持不懈正风肃纪、厉行法治。三是聚力备战打仗。坚持把备战打仗作为军队一切工作的着力点，引导和推动全军回归主责主业，2013 年八一建军节前夕，习近平总书记号召全军，要始终坚持战斗力这个唯一的根本的标准，全部心思向打仗聚焦，各项工作向打仗用劲。**21** 军委用 3 年时间，分步骤停止了军队和武警部队一切有偿服务活动。2017 年 11 月 3 日，习近平总书记视察军委联合作战指挥中心，展示了从军委主席和军委领导做起，抓紧抓实备战工作的决心意志。从 2018 年起，中央军委每年初都进行全军开训动员，习近平总书记都亲自向全军发布训令和动员令。军委制定新时代军事战略方针，全军深入推进备战砺军，以整风精神纠治备战打仗中的顽症痼疾，部队战斗力得到显著提升，军事斗争准备取得重大进展。习近平总书记亲自领导指挥一系列重大军事行动，开展钓鱼岛维权斗争，划设东海防空识别区，组织海空力量出岛链常态巡航和抢险救灾、国际维和，实施海外护航撤侨行动，建立吉布提海外保障基地，加强边境管控、反恐维稳等，有效维护了国家主权、安全、发展利益，充分展示了我军维护国家和人民利益的能力，大大提振了国威军威，增强了民族自信心自豪感。

　　——**推动构建人类命运共同体**。人类命运共同体，顾名思义，就是世界上每个民族、每个国家的前途命运都紧紧联系在一起，应该风雨同舟，荣辱与共，努力建成一个和睦共处的大家庭。这一朴素理念，集中体现了中国为人类作出新的更大贡献的崇高追求和使命担当。2013 年 3 月 23 日，习近平总书记在莫斯科国际关系学院发表演讲，第一次提出"命运共同体"概念。随后，这一理念渐次铺展开来，内涵不断丰富、特征逐渐显现，轮廓越来越清晰。2017年1月，习近平总书记在达沃斯世界经济论坛年会、联合国日内瓦总部发表两场历史性演讲，围绕各方对当今世界的困惑和对未来的期待，提出构建人类命运共同体的"五个坚持"，向世界描绘了一幅构建人类命运共同体的美好蓝图。党的十九大把"坚持推动构建人类命运共同体"作为新时代坚持和发展中国特色社会主义的基本方略之一。在构建人类命运共同体的过程中，"一带一路"是一个重要平台。2013年秋，习近平总书记在出访哈萨克斯坦和印度尼西亚期间，先后提出共建"丝绸之路经济带"和"21世纪海上丝绸之路"倡议，倡导共商、共建、共享理念，引起国际社会广泛关注。2017年5月15日，习近平总书记在北京举行的"一带一路"国际合作高峰论坛圆桌峰会上发表开幕词，概括了"一带一路"倡议的核心内容。"一带一路"倡议的提出，不仅开辟了我国参与和引领全球开放合作的新境界，而且为世界各国提供了促进共同发展、共同繁荣的公共平台。截至2019年3月底，中国政府已与125个国家和29个国际组织签署173份合作文件，共建"一带一路"国家由亚欧延伸至非洲、拉美、南太等区域。进入新时代后，中国同诸多国家和国际组织建立了不同形式的伙伴关系，"朋友圈"越做越大。中国还积极参与全球治理体系改革和建设，先后举办北京亚太经合组织领导人非正式会议、二十国集团领导人杭州峰会、"一带一路"国际合作高峰论坛、金砖国家领导人厦门会晤、博鳌亚洲论坛年会、上海合作组织青岛峰会、中非合作论坛北京峰会等一系列主场外交，针对全球治理中的突出问题提出中国方案，逐步成为现行国际体系的参与者、建设者、贡献者，成为国际合作的倡导者和多边主义的积极参与者。特别是 2020 年新冠肺炎疫情暴发后，针对国际上出现的"逆全球化"思潮和新的单边主义、霸凌主义，中国坚持顺应经济全球化大势，积极推动各方凝聚捍卫多边主义的共识，努力争取国际秩序和全球治理体系朝着更加公正合理的方向发展。

　　**——推进党的伟大自我革命。**面对"四大考验""四种危险"，针对党内存在的思想不纯、政治不纯、组织不纯、作风不纯等突出问题，党中央鲜明提出新时代党的建设总要求，采取一系列重大举措加强自身建设，推动全面从严治党不断向纵深发展。在政治建设方面，坚持把准政治方向，夯实政治根基，涵养政治生态，防范政治风险，保持政治本色，提高政治能力，增强"四个意识"，坚定"四个自信"，做到"两个维护"，使党的集中统一领导得到强化。在思想建设方面，深入开展党的理论武装，用习近平新时代中国特色社会主义思想武装全党、教育人民。先后开展了党的群众路线教育实践活动、"三严三实"专题教育、"两学一做"学习教育、"不忘初心、牢记使命"主题教育等重大学习教育活动。在组织建设方面，坚持党管干部、党管人才，明确提出和确立了新时代党的组织路线，提出和落实好干部标准，不断健全领导体制和工作格局，创新方式方法，干部选拔任用更加科学，管理监督更加严格。加强基层党组织建设，严格发展党员程序、提高发展党员质量，各级党组织更加坚强有力。在作风建设方面，针对人民群众反映强烈的"四风"问题，坚持以上率下，综合施策，标本兼治，破立并举，制定和落实中央八项规定，党风政风为之一新，党心民心空前凝聚。在纪律建设方面，把严明纪律作为全面从严治党的战略抓手和治本之策，严肃整饬纪律，严格纪律规范，严明纪律执行。在制度建设方面，制定了一系列重要的规章制度，特别是健全完善了党和国家监督体系，使党内生活的主要领域实现了有章可循、有规可依。在反腐败斗争方面，坚持无禁区、全覆盖、零容忍，以猛药去疴、重典治乱的决心和刮骨疗毒、壮士断腕的勇气"打虎""拍蝇""猎狐"，使腐败存量明显减少、腐败增量得到有效遏制，反腐败斗争取得了压倒性胜利。

## 六、旗帜鲜明地抵制和反对历史虚无主义

正确的历史观是与各种错误的历史观相对立的。近年来，在理论界、学术界和文艺界出现了一种历史虚无主义的思潮，对人们的思想观念特别是历史观产生了很大的负面影响。抵制和反对历史虚无主义，是当前意识形态领域斗争的一个焦点，也是树立和巩固正确历史观的必然要求。

——**历史虚无主义的表现形式多种多样**。一是肆意歪曲历史事实。否定历史认知的真理性，随意曲解历史真相，刻意裁剪历史事实，甚至抽离历史场景、脱离历史逻辑、编造历史谎言。二是错误颠覆历史结论。打着所谓"还原历史""反思历史"的旗号，对各方面历史进行"重新评价"，刻意推翻那些已被事实所证明的正确

结论。一方面声称"好人不好"，对历史上的英雄人物和革命领袖妄加诋毁和诬陷；另一方面又声称"坏人不坏"，公然为反面历史人物叫屈，为投敌叛国分子张目，为殖民统治者正名。三是武断贬损历史进步。认为本国历史一无是处，不值一提，极力否定其历史价值和现代意义，对其进行种种贬低、抹杀，或者缺乏起码的敬意和尊重。四是主观臆想历史进程。用建立在假设基础上的推理，来证明自己观点的正确。比如，提出"如果不搞五四运动""如果不打抗日战争""如果没有抗美援朝"，强词夺理为己所用。五是娱乐化轻薄和消费历史。有的用"鸡汤化"的方式解构历史，将历史人为碎片化和片面化；有的用"小清新"的方式描绘历史，拿悲欢离合的煽情细节掩盖社会性质和民心大势；有的以"想象化"的方式消费历史，胡编乱造"抗日神剧"；还有的用缺乏常识和底线的"戏说"来"开涮"历史，在制造"看点""笑料"中戏谑崇高、污辱英烈，伤害神圣的民族情感；等等。凡此种种，不一而足。由于历史虚无主义经常打着学术研究、理论探讨、文艺创作的幌子，因而具有很强的迷惑性和欺骗性，往往使人们在不知不觉中受到侵蚀和影响。

　　——**历史虚无主义具有极大的危害性**。历史虚无主义并不是对所有历史都加以"虚无"，它所"虚无"的对象，主要是中国共产党的历史、中国革命的历史、新中国的历史、改革开放的历史、中国特色社会主义的历史，乃至中华民族和中国的历史。这一思潮，不仅严重混淆是非观念，误导价值取向，引起人们思想混乱，而且严重影响党和国家的形象，败坏其声誉和威信，对意识形态安全乃至整个国家安全造成不容忽视的威胁。在这方面，苏联可谓是前车之鉴。当年，苏联之所以解体、苏共之所以垮台，一个重要原因就是"告别过去"等论调充斥舆论，全面否定苏联和苏共的历史，否定列宁和斯大林，否定搞了几十年的社会主义。受"重新审视历史"的影响，苏联历史教材被斥为"一代代流传下来的谎言"，以卓娅、马特洛索夫、奥列格为代表的一批英雄人物被集体污名化，苏联教育部甚至要求销毁全国学校的现行历史课本。结果把人们的思想和历史观彻底搞乱了，人民群众对苏共和社会主义失去了信心，偌大一个国家、一个政党很快就土崩瓦解，毁于一旦。事实表明，一个抛弃或背叛了自己历史文化的民族，不仅不可能发展起来，而且很可能上演误国害民的历史悲剧。改革开放初期，针对一些人企图否

莫斯科市关闭列宁博物馆迁葬列宁遗体。图为群众集会抗议

定毛泽东和毛泽东思想的倾向，邓小平曾尖锐地指出："毛泽东思想这个旗帜丢不得。丢掉了这个旗帜，实际上就否定了我们党的光辉历史。""对毛泽东同志的评价，对毛泽东思想的阐述，不是仅仅涉及毛泽东同志个人的问题，这同我们党、我们国家的整个历史是分不开的。要看到这个全局。""这不只是个理论问题，尤其是个政治问题，是国际国内的很大的政治问题。"[22] 邓小平的这些看法，体现了马克思主义政治家的远见卓识，为我们认识和抵制历史虚无主义提供了锐利思想武器。

——**历史虚无主义的要害是否定我们的民族、国家和文化。**对于一个政党、一个国家、一个民族来说，其自身的历史就是源流和命脉，是立身安命的基础，更是复兴发展的基石。古人早就讲过："灭人之国，必先去其史。"历史虚无主义用"相对主义"的思维方式，通过否定"老祖宗"、否定历史正面人物、否定历史进步成果，进而从根本上否定我们的民族、国家和文化。也就是说，其"乱史"的目的是为了"改道"，就是要彻底否定中国文化、中国传统、中国理论，否定中国共产党的领导和社会主义制度，改变已由历史选择、人民选择的正确道路，最终达到改变中国社会性质、使历史发生倒退的目的。习近平总书记深刻指出，要警惕和抵制历史虚无主义的影响，坚决反对在历史问题上存在的错误观点和错误倾向，正是基于对历史虚无主义这一本质的洞察和揭露。[23]

——**历史虚无主义的滋生蔓延具有多方面原因。**其一是国内外各种敌对势力的敌视和破坏企图。由政治、文化、意识形态、社会制度和国家利益等因素所决定，敌对势力对中国、对中华民族、对中国共产党和中国特色社会主义道路的抹黑和诋毁从来没有停止过。无论是出于殖民心态，还是出于冷战思维，他们都在骨子里把中国和中华民族看作"东亚病夫"，都不会放弃利用虚化历史来否定中国人民所做的一切。其二是西方哲学和历史学理论的影响。历史虚无主义的理论根基，在哲学上是唯心主义历史观，在政治上是自由主义，在专业上是西方后现代史学理论。受这些理论的影响和支配，一些人否定客观存在的物质世界，否定人类从野蛮、蒙昧走向进步的历史进程，否定历史发展的一般规律。其三是一些社会成员的非理性心理与活动。他们不能正确对待生活中的挫折，往往把个人失败、失意的原因归结为他人和社会，主动附和历史虚无主义，以此来发泄不满、逃避责任、寻求慰藉。其四是少数人为吸引眼球和谋取利益。为获得点击率、提高知名度、得到广告费，一些人不惜通过攻击和戏谑英雄、歌颂反面人物等"标新立异"的"另类"方式，达到吸引公众关注、引发舆论炒作、谋取个人利益的目的，自觉不自觉地成了历史虚无主义的同路人。

**——采取有力措施反对和抵制历史虚无主义。**一是坚持以正确立场进行历史研究和历史宣传。这个立场，就是历史唯物主义的立场。也就是要用正确的历史观来把握历史、解释历史，维护历史的客观性和严肃性。习近平总书记指出："历史研究是一切社会科学的基础，承担着'究天下之际，通古今之变'的使命"，"重视历史、研究历史、借鉴历史，可以给人类带来很多了解昨天、把握今天、开创明天的智慧。"**24**研究历史，用历史来资政育人，如果缺乏正确立场，就必然会走偏方向，陷入历史虚无主义的泥潭。二是加强真实历史信息的传播和教育。历史是一个国家和民族所走过道路的真实记录，不能人为地加以改变，也不容许歪曲和丑化。一个时期以来，在历史信息传播领域还存在着不少薄弱环节，给历史虚无主义留下了造谣滋事的空间，因此，必须以尊重和敬畏历史的态度，通过各种途径，最大限度地用真实的历史来教育群众、引导舆论。正如习近平总书记所指出的，"历史就是历史，历史不能任意选择"**25**。坚持正确的历史观，就要"让历史说话，用史实发言"，"更多通过档案、资料、事实、当事人证词等各种人证、物证来说话"**26**。三是要加强法治监管。现在，对肆意传播虚假历史信息、制造思想混乱，甚至公开诋毁英烈形象、挑战社会道德底线的现象，相关的法律规定和监管举措还不健全、不到位、不及时，致使一些性质极其恶劣的历史虚无主义行为未能受到应有警告和及时惩处。因此，必须进一步加大舆论传播领域的法制建设力度，尤其是要重点强化网络立法、监管和执法，有效打击敌对分子的造谣破坏活动，约束各种非理性传播活动，净化网络空间，使历史虚无主义失去藏身和作乱之地。

**注　释**

1　《习近平谈治国理政》第二卷，外文出版社 2017 年版，第 32—33 页。

2　《毛泽东选集》第二卷，人民出版社 1991 年版，第 533—534 页。

**3** 《总结历史经验揭示历史规律把握历史趋势　加快构建中国特色历史学学科体系学术体系话语体系》，《人民日报》2019 年 1 月 4 日。

**4** 《习近平关于"不忘初心、牢记使命"重要论述选编》，中央文献出版社、党建读物出版社 2019 年版，第 300 页。

**5** 《毛泽东选集》第一卷，人民出版社 1991 年版，第 150 页。

**6** 徐四海：《毛泽东诗词全集》，东方出版社 2016 年版，第 398 页。

**7** 《马克思恩格斯文集》第 1 卷，人民出版社 2009 年版，第 287 页。

**8** 《毛泽东选集》第三卷，人民出版社 1991 年版，第 1031 页。

**9** 《习近平谈治国理政》第三卷，外文出版社 2020 年版，第 16 页。

**10** 《习近平关于"不忘初心、牢记使命"重要论述选编》，中央文献出版社、党建读物出版社 2019 年版，第 292 页。

**11** 《毛泽东年谱（一八九三——一九四九)》（中)，中央文献出版社 2013 年版，第 610—611 页。

**12** 《尚书·召诰》。

**13** 《尚书·泰誓》。

**14** 《史记·高祖本纪》。

**15** 《习近平关于"不忘初心、牢记使命"重要论述选编》，中央文献出版社、党建读物出版社 2019 年版，第 300 页。

**16** ［英］李约瑟：《中国科学技术史》第一卷，科学出版社、上海古籍出版社 1990 年版，第 127 页。

**17** 中共中央宣传部理论局：《世界社会主义五百年》（党员干部读本)，学习出版社、党建读物出版社 2014 年版，第 153—154 页。

**18** 《习近平谈治国理政》第一卷，外文出版社 2018 年版，第 36 页。

**19** 《习近平谈治国理政》第一卷，外文出版社 2018 年版，第 220 页。

**20** 习近平：《决胜全面建成小康社会　夺取新时代中国特色社会主义伟大胜利——在中国共产党第十九次全国代表大会上的报告》，人民出版社 2017 年版，第 19 页。

**21** 《紧紧围绕实现党在新形势下的强军目标，全面加强部队建设》，《人民日报》2013 年 7 月 30 日。

**22** 《邓小平文选》第二卷，人民出版社 1994 年版，第 298—299 页。

**23** 《历史是最好的教科书——学习习近平同志关于党的历史的重要论述》，《人民日报》2013 年 7 月 22 日。

24 《习近平致第二十二届国际历史科学大会的贺信》，《人民日报》2015 年 8 月 24 日。

25 《十八大以来重要文献选编》（上），中央文献出版社 2014 年版，第 694 页。

26 《让历史说话，用史实发言，深入开展中国人民抗日战争研究》，《人民日报》 2015 年 8 月 1 日。

# 结　语

正确的祖国观、民族观、文化观、历史观，为我们分析认识国家、民族、文化、历史等重大问题提供了科学的世界观和方法论。有了这些基本观点，我们不仅能够更加清楚地了解到中国、中华民族、中华文化、中华历史的来龙去脉和发展走向，而且会从内心深处进一步增强对可爱祖国、伟大民族、灿烂文化、悠久历史的深厚感情和由衷热爱，更加充满希望和自信地走向美好的未来。

## 一、为吾国、吾族、斯文、斯史而骄傲自豪

回首五千年的沧桑岁月，中国、中华民族、中华文化、中华历史在人类史册上所铭刻下的不朽印迹和铸就的灿烂辉煌，值得每一个中华儿女由衷地为之骄傲和自豪。

为可爱祖国而骄傲自豪。中国拥有美丽的国土和丰富的自然资源。早在80多年前，毛泽东在撰写《中国革命和中国共产党》

一文时，就专门写了《中国社会》一章，对中国地广、人众、物博的国情作了生动描述和精辟概括。从历史上看，中国曾经是世界上的经济强国。文景之治、贞观之治、康乾盛世，彰显了中国经济发展的繁荣景象。据有关研究成果，1750 年中国工业产量占世界总产量的 32.8%。康熙年间，全世界超过 50 万人口的 10 个大城市中，中国占了 6 个。直到 1820 年，中国的经济总量仍占世界总量的 32.9%。中国也曾经在社会治理水平上遥遥领先，自商周以来逐步形成的一整套包括朝廷制度、郡县制度、土地制度、税赋制度、科举制度、监察制度、军事制度等各方面制度在内的国家制度和国家治理体系，一直为周边国家和民族所学习和仿效。新中国成立后，中国走上了社会主义的康庄大道，国家的面貌发生了空前巨变。经过 70 多年的发展，中国作为世界上最大的发展中国家，彻底摆脱了贫困并跃升为世界第二大经济体，彻底摆脱了被"开除球籍"的危险，国际地位不断提高、国际影响力不断扩大，中国和中华民族被列强和外族任意欺凌的时代一去不复返了。我们的亲爱祖国，在穿过五千多年的历史风尘之后，正以崭新面貌和昂扬姿态大踏步地走向世界舞台中央，任何力量都不能阻挡这一前进的步伐。尽管中国的发展经常遇到各种困难和挑战，但是它决不会被这些困难和挑战所压倒。2018 年 11 月 5 日，在首届中国国际进口博览会开幕式上，习近平总书记坚定地说："经历了 5000 多年的艰难困苦，中国依旧在这儿！面向未来，中国将永远在这儿！"[1]

为伟大民族和英雄人民而骄傲自豪。中华民族是刻苦耐劳、酷爱自由、富于革命传统的民族，中国人民是勤劳勇敢、不惧艰险、充满情怀和智慧的人民。千百年来，中华民族和中国人民以生命力的顽强、凝聚力的深厚、忍耐力的坚韧、创造力的巨大而著称于世，虽经千难而前赴后继，历万险而锲而不舍，在列强侵略时顽强抗争，在山河破碎时浴血奋战，在一穷二白时发愤图强，在时代发展时与时俱进，使中国始终屹立在世界东方，中华民族始终屹立于世界民族之林。习近平总书记指出："我们用几十年时间走完了发达国家几百年走过的工业化历程。在中国人民手中，不可能成为了可能。我们为创造了人间奇迹的中国人民感到无比自豪、无比骄傲！"[2] 近代以来，中华民族和中国人民曾经历了难以想象的巨大苦难，但苦难并没有摧毁中华民族和中国人民，反而考验、锻炼和造就了他们，使伟大的民族更加坚韧和强大。尤其是抗击新冠肺炎疫情斗争所取得的重大战略成果，充分展现了中华民族和中国人民的伟大力量，极大增强了全党全国各族人民的自信心和自豪感。习近平总书记回顾这一历程时充满深情地指出："我们都为自己是中国人感到骄傲和自豪！"[3] 只要紧紧依靠人民，一切为了人民，充分激发十四亿多中国人民顽强不屈的意志和坚忍不拔的毅力，把中华儿女更加紧密地团结在一起，我们就一定能够展现中国人民的新气质，创造中华民族的新辉煌。

为祖国和民族的灿烂文化而骄傲自豪。文化是中华儿女的立身之本和安命之魂。在中国和中华民族的发展史上，有素称发达的农业和手工业，有许多伟大的思想家、科学家、发明家、政治家、军事家、文学家和艺术家，有丰富的文化典籍和无以计数的优秀文化遗产，有引领时代的先进思想理念，形成了博大精深的中华文化。这一文化，既包括中华优秀传统文化，也包括革命文化，还包括社会主义先进文化。尤其是在这三者基础上形成的中国特色社会主义文化，更是集中体现了中华文化的时代风采，确立了中华文化的历史标高。中国人历来抱有家国情怀，崇尚天下为公、克己奉公，信奉天下兴亡、匹夫有责，强调和衷共济、风雨同舟，倡导守望相助、尊老爱幼，讲求自由和自律统一、权利和责任统一。中国人民的这些特质和禀赋，不仅铸就了绵延几千年发展至今的中华文明，显示了中华文化的独特魅力，而且深刻影响着当代中国发展进步，深刻影响着当代中国人的精神世界。在抗击新冠肺炎疫情的斗争中，中国人民深厚敦朴的仁爱传统、人命关天的道德观念、敬仰生命的人文精神、敢打必胜的顽强意志、求真创新的实践品格、和衷共济的道义担当，被体现和展示得淋漓尽致，成为众志成城的强大精神防线和赢得斗争胜利的重要因素。正如习近平总书记所深刻指出的："中华文化独一无二的理念、智慧、气度、神韵，增添了中国人民和中华民族内心深处的自信和自豪。"**4** 拥有和依靠这种充沛而先进的文化资源，我们就一定能够建设好全国各族人民的精神家园，筑牢中华儿女团结凝聚的思想基础；必将会获得更大更深刻的精神动力，创造出更多更惊人的发展奇迹。

为祖国和民族的悠久历史而骄傲自豪。中华民族是世界最古老的民族之一，早在 170 多万年前，中华先民们就在这块土地上开疆拓土、繁衍生息。中国是世界最早产生的国家之一，早在 5000 多年前，中国就已经在亚洲东方初现雄姿、巍然矗立。中国和中华民族的历史绵延不绝，其中有文字可考的历史将近 4000 千年，不仅传承有序、记载清晰，而且越往后越具体细致、精准翔实，这在世界各国和各民族发展史上都绝无仅有。在漫长的岁月里，伟大祖国和伟大民族的历史如同江河之水，波澜壮阔，滚滚向前。中华文明发展史、近代革命斗争史、中国共产党史、新中国史、改革开放史、新时代中国特色社会主义发展史，一脉相承、交相辉映，构成了宏阔高远、深沉厚重的历史巨卷，谱写了如歌如泣、气吞山河的壮丽史诗。进入新时代，中国的发展站到了新的历史起点上，中华民族伟大复兴迎来了前所未有的光明前景。对此，习近平总书记庄重指出："全体中华儿女为之感到无比自豪！"**5** 只要我们始终把握中华历史的前进方向，在历史正道上继往开来、与时俱进，必定会不断续写出无愧于历史、无愧于祖先、无愧于时代的新篇章。

## 二、满怀希望和信心走向更加美好的未来

展望未来的前进道路，我们对中国、中华民族、中华文化和中华历史充满热切希望和必胜信心。这种希望和信心来自源远流长的伟大梦想，来自前所未有的历史机遇，也来自艰苦卓绝的不懈奋斗。

伟大梦想始终在引领着我们砥砺前行。中华民族自问世以来，始终有着宏大目标和高远追求，那就是要构建一个人人安居乐业、天下共享太平的理想社会。早在几千年前，古代先贤就对这种"大同"社会作了美好憧憬和生动描绘："大道之行也，天下为公。选贤与能，讲信修睦。故人不独亲其亲，不独子其子，使老有所终，

壮有所用，幼有所长，矜、寡、孤、独、废疾者皆有所养。男有分，女有归。货，恶其弃于地也，不必藏于己；力，恶其不出于身也，不必为己。是故谋闭而不兴，盗窃乱贼而不作，故户外而不闭。是谓大同。" **6** 尽管这种理想在生产力不发达、存在剥削制度的社会里是不可能实现的，是古代中国版的"乌托邦"，但它却激励着一代又一代中国人民和无数仁人志士为之向往和奋斗。近代以来，中国人民陷入深重苦难之中，却仍然心存强烈愿望和远大梦想，那就是要彻底摆脱黑暗屈辱的历史，实现国家独立和人民富强。中国共产党成立后，秉持为中国人民谋幸福、为中华民族谋复兴的初心使命，在坚持共产主义远大理想的同时，对中国和中华民族的前途命运寄予了深情厚望。革命先烈方志敏在《可爱的中国》一文中充满激情地写道："我们相信，中国一定有个可赞美的光明前途。""到那时，到处都是活跃跃的创造，到处都是日新月异的进步，欢歌将代替了悲叹，笑脸将代替了哭脸，富裕将代替了贫穷，康健将代替了疾苦，智慧将代替了愚昧，友爱将代替了仇杀，生之快乐将代替了死之悲哀，明媚的花园，将代替了凄凉的荒地！" **7** 与之相对应，82 年后，党的十九大全面擘画了 21 世纪中叶建成社会主义现代化强国的光辉前景，同样充满激情地指出："到那时，我国物质文明、政治文明、精神文明、社会文明、生态文明将全面提升，实现国家治理体系和治理能力现代化，成为综合国力和国际影响力领先的国家，全体人民共同富裕基本实现，我国人民将享有更加幸福安康的生活，中华民族将以更加昂扬的姿态屹立于世界民族之林。" **8** 所有这些崇高而远大的梦想，都为中国人民立起了奋斗目标和光明灯塔，成为激励全体中华儿女披荆斩棘、奋勇前行的不竭动力。

新时代实现伟大梦想具备前所未有的条件。党的十八大以来，中国特色社会主义进入新时代，中国开始实现由大向强的发展。中国的综合国力进入世界前列，国际地位实现了前所未有的提升，党和国家的面貌发生了前所未有的变化。久经磨难的中华民族迎来了从站起来、富起来到强起来的伟大飞跃，开启了全面建成小康社会、全面建设社会主义现代化国家的新征程。现在，我们比历史上任何时期都更接近实现中华民族伟大复兴的目标，比任何时期都更有信心、更有能力实现这个目标。习近平总书记指出："站立在九百六十多万平方公里的广袤土地上，吸吮着五千多年中华民族漫长奋斗积累的文化养分，拥有十三亿多中国人民聚合的磅礴之力，我们走中国特色社会主义道路，具有无比广阔的时代舞台，具有无比深厚的历史底蕴，具有无比强大的前进定力。"[9]"中国人民应该有这个信心，每一个中国人都应该有这个信心。"[10]党的十九届五中全会明确指出：当前和今后一个时期，我国发展仍然处于重要战略机遇期，但机遇和挑战都有新的发展变化。我国有独特的政治优势、制度优势、发展优势和机遇优势，经济社会发展依然有诸多有利条件，我们完全有信心、有底气、有能力谱写"两大奇迹"新篇章。大道之行、无远弗届，胜利在望、复兴可期，这就是中华民族和中国人民的底气之所在、希望之所在、信心之所在。

用奋斗托举伟大梦想、铸就历史辉煌。人类的任何美好理想，都不可能唾手可得，都离不开筚路蓝缕、胼手胝足的奋斗。中华民族的伟大复兴和"两个一百年"奋斗目标同样如此，它们绝不是轻轻松松、敲锣打鼓就能实现的，而必须勇立潮头、奋勇搏击，必须艰苦奋斗、不懈奋斗。当前，我们既面临着重要发展机遇，也面临着前所未有的风险挑战。要达到预期目的，就要锲而不舍、驰而不息地奋斗，就要一代接着一代干、一步接着一步走，就要做好较长时间应对外部环境变化的思想准备和工作准备，善于在危机中育新机、于变局中开新局。尤为重要的是，行百里者半九十，距离实现民族伟大复兴的目标越近，越不能松劲懈怠，越要加倍努力，越要顽强拼搏。历史一再证明：一个民族之所以伟大，根本就在于在任何困难和风险面前都从不放弃、不退缩、不止步，百折不挠地为自己的前途命运而奋斗。今天，我们完全有理由相信：从五千多年文明发展的苦难辉煌中走来的中国人民和中华民族，必将通过自身艰苦卓绝的奋斗，在全面建设社会主义现代化国家的新征程上风雨兼程、一路向前，创造出新的历史伟业，为人类作出新的更大的贡献！

**注　释**

1　《习近平谈治国理政》第三卷，外文出版社 2020 年版，第 206 页。

2　习近平：《在庆祝改革开放 40 周年大会上的讲话》，《人民日报》2018 年 12 月 19 日。

3　习近平：《在全国抗击新冠肺炎疫情表彰大会上的讲话》，《人民日报》2020 年

9 月 9 日。

**4**　《习近平关于社会主义文化建设论述摘编》，中央文献出版社 2017 年版，第 15
页。

**5**　习近平：《在纪念中国人民抗日战争暨世界反法西斯战争胜利 75 周年座谈会上
的讲话》，《人民日报》2020 年 9 月 4 日。

**6**　《礼记·礼运》。

**7**　方志敏：《可爱的中国》，译林出版社 2012 年版，第 154 页。

**8**　习近平：《决胜全面建成小康社会　夺取新时代中国特色社会主义伟大胜
利——在中国共产党第十九次全国代表大会上的报告》，人民出版社 2017 年
版，第 29 页。

**9**　习近平：《决胜全面建成小康社会　夺取新时代中国特色社会主义伟大胜
利——在中国共产党第十九次全国代表大会上的报告》，人民出版社 2017 年
版，第 70 页。

**10**　《习近平谈治国理政》第一卷，外文出版社 2018 年版，第 29 页。

# 主要参考文献

1.《马克思恩格斯文集》第1—10卷，人民出版社2009年版。

2.《列宁选集》第1—4卷，人民出版社2012年版。

3.《毛泽东选集》第1—4卷，人民出版社1991年版。

4.《毛泽东文集》第1—8卷，人民出版社1993—1999年版。

5.《建国以来毛泽东文稿》第1—13册，中央文献出版社1998年版。

6.《毛泽东年谱(一八九三——一九四九)》(中)，中央文献出版社2013年版。

7.《邓小平文选》第1—3卷，人民出版社1994年版、1993年版。

8.《邓小平年谱》(1975—1997)(上、下)，中央文献出版社2004年版。

9.《江泽民文选》第1—3卷，人民出版社2006年版。

10.《胡锦涛文选》第1—3卷，人民出版社2016年版。

11.《习近平谈治国理政》第1—3卷，外文出版社2018年、2017年、2020年版。

12.《习近平新时代中国特色社会主义思想学习纲要》，学习出版社、人民出版社2019年版。

13.《习近平强军思想学习纲要》，解放军出版社2019年版。

14.《治国理政新实践——习近平总书记重要活动通讯选》，新华出版社2019年版。

15.《中国共产党章程》，中国法制出版社2018年版。

16.《三中全会以来重要文献选编》(上、下)，人民出版社1982年版。

17.《十三大以来重要文献选编》(上、中、下)，人民出版社1991—1993年版。

18.《十四大以来重要文献选编》(上、中、下)，人民出版社1996—1999年版。

19.《十五大以来重要文献选编》（上、中、下），人民出版社 2000—2003 年版。

20.《十六大以来重要文献选编》（上、中、下），中央文献出版社 2005—2008 年版。

21.《十七大以来重要文献选编》（上、中、下），中央文献出版社 2009—2013 年版。

22.《十八大以来重要文献选编》（上、中、下），中央文献出版社 2014—2018 年版。

23.《十九大以来重要文献选编》（上），中央文献出版社 2019 年版。

24.《中华人民共和国宪法》，中国法制出版社 2018 年版。

25.《反分裂国家法》，法律出版社 2005 年版。

26.《中华人民共和国民族区域自治法》，2001 年 2 月 28 日。

27.《中华人民共和国文物保护法》，中国法制出版社 2017 年版。

28.《中华人民共和国非物质文化遗产法》，法律出版社 2011 年版。

29.《中华人民共和国国家通用语言文字法》，2001 年 1 月 1 日。

30.《中华人民共和国公共文化服务保障法》，法律出版社 2017 年版。

31.《中共中央关于繁荣发展社会主义文艺的意见》，2015 年 10 月 3 日。

32.中共中央办公厅、国务院办公厅：《关于实施中华优秀传统文化传承发展工程的意见》，2017 年 1 月 25 日。

33.中央精神文明建设指导委员会：《关于深化群众性精神文明创建活动的指导意见》，2017 年 4 月。

34.中共中央、国务院：《中共中央　国务院关于实施乡村振兴战略的意见》，2018 年 1 月 2 日。

35.《新时代爱国主义教育实施纲要》，中国法制出版社 2019 年版。

36.《中国共产党历史》（第 1—4 卷），中共党史出版社 2011 年版。

37.范文澜、蔡文彪等：《中国通史》第 1—10 册，人民出版社 1994 年版。

38.何理：《中华人民共和国国史》，中国档案出版社 1995 年版。

39.《新中国发展面对面》，学习出版社、人民出版社 2019 年版。

40.《改革开放 40 周年大事记》，人民出版社 2018 年版。

41.《世界社会主义五百年》，党建读物出版社、学习出版社 2014 年版。

42.《中国国情读本》，新华出版社 2020 年版。

43.国务院新闻办公室 2012 年至 2020 年发布的白皮书，人民出版社。

44.《人民日报》《解放军报》2012 年 10 月 1 日—2020 年 10 月 31 日。

责任编辑：曹　春
封面设计：汪　莹

**图书在版编目（CIP）数据**

树立正确的祖国观、民族观、文化观、历史观／吴杰明 著 . —北京：
　人民出版社，2021.2
ISBN 978－7－01－022687－3

I. ①树…　II. ①吴…　III. ①爱国主义教育－研究－中国　IV. ① D647

中国版本图书馆 CIP 数据核字（2020）第 234579 号

树立正确的祖国观、民族观、文化观、历史观
SHULI ZHENGQUE DE ZUGUOGUAN MINZUGUAN WENHUAGUAN LISHIGUAN

吴杰明　著

**人民出版社** 出版发行
（100706　北京市东城区隆福寺街 99 号）

北京盛通印刷股份有限公司印刷　新华书店经销

2021 年 2 月第 1 版　2021 年 2 月北京第 1 次印刷
开本：710 毫米 × 1000 毫米 1/16　印张：17
字数：220 千字

ISBN 978－7－01－022687－3　定价：48.00 元

邮购地址 100706　北京市东城区隆福寺街 99 号
人民东方图书销售中心　电话（010）65250042　65289539